얼굴은 마음의 창

얼굴은 마음의 창

박영목 지음

마이라이프

추천사

『얼굴은 마음의 창』
이 책은 삶을 글로 빚은 한 인간의 초상

사람의 생에는 굽이마다 결이 있다. 그 결을 따라가다 보면 한 인간의 신념과 품성이 고스란히 드러난다. 박영목 변호사는 그 결이 단단하면서도 따뜻한 사람이다.

행정과 사법, 두 세계의 문을 모두 통과한 그는 국가의 행정과 치안현장에서, 또 법의 경계에서 평생을 사람 곁에 오롯이 머물렀다. 세속의 권위보다 정의의 온기를 믿었고, 제도의 틀보다 인간의 사정을 더 귀하게 여겼다. 때로는 권력의 마당에서, 때로는 변론의 자리에서, 그는 늘 사람을 잃지 않았다. 그것이 그를 인권변호사로, 그리고 한 인간의 길을 걸어온 성숙한 작가로 만들었다.

그는 또한 그만의 삶을 즐길 줄 아는 '맥가이버형'의 자유인이다. 골프채와 스키, 톱과 망치를 번갈아 쥐며 인생의 물결을 유영하는 그의 모습은 자유 그 자체라고 말해진다. 요즘은 가평의 숲속에 직접 지은 작은 쉼터에서 나무와 새소리와 벗하며 산다. 그 고요 속에서 그는 "꼰대가 아니라 멘토가 되겠다"라고 말한다.

나이 듦을 부끄러워하지 않고,

고독과 우정을 길들이며 자유를 만끽하는 사람.

이번 수필집 『얼굴은 마음의 창』에는 그의 그런 삶의 진솔한 자취가 잔잔히 스며져 있다. 글은 간결하면서도 깊고, 담담하되 청량한 울림이 있다. 인고의 세월을 통과한 사람만이 쓸 수 있는 마력적인 문장, 자유를 아는 이만이 쓸 수 있는 그러한 고독의 독백이다.

나는 그의 글을 읽으며 오래된 벗의 참 뒷모습을 보는 듯했다. 삶을 성찰하는 눈빛 속에 여전히 소년의 호기심이 살아 있고, 자유와 외로움이, 말하자면 그만의 자유로움이 마주 앉아 가만히 웃고 있었다. 그의 수필은 결국 이렇게 말하는 듯하다.

"삶은 외롭지만, 그 외로움 속에 자유가 자란다."

그 말에 깊이 공감하며, 나는 이 책을 기꺼이 추천합니다.

2025년 가을

수필가 김종박*

* 서울대에서 '국어국문학'을 전공했다. '한국문인협회' 회원으로 있으며 필자와 함께 행정고등고시를 통하여 공직을 시작한 후 서울시 국장급(이사관)으로 재직하였다.

추천사

자유와 고독 사이에서 피어나는 지성의 향기

박학다식(博學多識)!

'넓게 배우고 많이 알아 식견이 풍부한 사람'을 뜻하는 말이지만, 이 한마디로는 박영목 변호사님을 다 표현하기 어렵다. 나는 이분을 '박학다심식(博學多深識)'이라 부르고 싶다. 지식이 넓을 뿐 아니라, 그 지식이 깊고 따뜻하게 사람을 향하고 있기 때문이며, 세상을 향한 맑은 통찰이 고요히 어우러져 있기 때문이다.

그분과의 인연은 우연히 찾아왔다. 가평의 작은 골프 연습장!

그날도 평소처럼 혼자 연습하던 나에게 변호사님은 먼저 다가와 인사를 건네셨다,

"골프에 열정이 넘치네요! 잘 안되는 부분이 있나요?"

그 순간의 짧은 대화가 감동을 주었는지 깊은 인연의 시작이 되었다. 시간이 흐르며 배울점이 너무 많다고 느끼게 된 그분을 나는 골프의 스승이자 인생의 멘토로 모시고 있다. 그분을 모시고 여러번 골프라운딩을 하였다. 작은 체구에서 뿜어져 나오는 엄청난 에너지와 놀라운 드라이버 샷의 탄력, 그리고 프로선수 못지않은 퍼팅 실력까지 골프에 대한 깊이와 열정은 변호사님의 삶 그 자체

를 닮아 있다.

정확하고 단단하면서도, 여유와 낭만이 함께하는 모습이었다. 나중에 들으니, 가평의 어느 명문 골프장의 '챔피언'까지 하였다고 하며, 그분이 보여 주는 완벽한 자세와 정교함은 항상 꾸준히 연구하고 분석하는 '자기 수양의 결과'임을 느끼게 하였다.

나보다 나이가 훨씬 더 많음에도 골프 비거리가 30~40미터를 더 멀리 나가고, 얼마 전 라운딩 때에는 30대 초반인 아들보다도 더 멀리 나갈 때도 있었다. 베스트 스코어가 5언더(under)인 '67타'였다고 하며, 아들은 '레슨없이 직접 가르쳤다'는데 나와 함께 라운딩할 때 치열하게 내기 골프를 하면서도 아들이 71타(버디 6, 보기 5)를 치는 것을 보고 또 한 번 놀라움을 금치 못하였다.

변호사님과 의료 이야기를 나누다 보면, 그의 지식의 폭과 이해의 깊이에 놀랄 때가 많다. 언젠가 호흡기 생리학의 '사강(死腔, Dead Space)' 개념을 전문가 수준으로 정확하게 설명하는 것을 보고 깜짝 놀랐다.

그는 "인간의 1회 호흡량이 남성은 평균 500cc 정도인데 그중 350cc 정도가 폐포에 도달하여 산소교환에 참여하고 나머지 코에서 기도 끝까지의 공간에 남아 있는 150cc 정도는 그대로 밖으로 다시 나오기 때문에 '죽은 공기량' 즉 '사강(死腔)'인데 이를 전문용어로 'Dead Space'라고 한다."라고 설명을 해 주었다.

호흡기 내과 전문의 수준의 지식이었다. 그러고는 "음주운전을 절대 하지 말아야 한다. 그러나 부득이하게 1~2잔으로 단속기준(혈중알코올농도 0.03%) 경계선 정도를 마셨는데 음주측정을 하게 된 경우에는, 폐에 든 공기를 다 뱉어낸 다음, 밖의 신선한 공기를 잔뜩 들이마시고 입에서 폐 직전까지의 공간(소위 'Dead Space')에 머물고 있는 공기 150cc 중 50cc 정도만 세게 '확' 불어버리고 입을 꼭 닫으면 폐포를 통과하지 아니한 신선한 공기만이 음주 측정기를 통과하기 때문에 0.000%가 나올 수 있다"고 설명하는 것이 아닌가!

어쩌면 이렇게 정교하게 '호흡기 생리학'의 원리를 '음주 측정'에까지 접목시켜서 설명할 수 있을까? 과학적이고 실험적인 그의 분석력에 탄복하지 않을 수 없었다. (저자께서 대기업에 초빙되어 '직장교육' 강의 도중에 이러한 원리를 설명한 적이 있는데 그 후 몇 사람으로부터 '음주를 조금 한 상태였는데 그냥 통과되었다'면서 '감사하다'는 인사까지 받았다고 하였다)

나는 순간 깨달았다. 이분의 '지식창고'는 '넓은 것은 물론이고 깊고 생생하다'는 것을, 그리고 '법률과 철학, 과학과 인문학 · 의학까지 자유롭게 넘나들고 있어서 엄청나게 심오한 바다와 같다'는 것을!

이분이 단순한 법률가가 아니라, 진정한 '탐구가'이자 '사색가'임을 느꼈다. 그의 글에는 인생을 통찰하는 철학이 담겨 있다. 변호사로서 의뢰인의 처지를 깊이 이해하고, 불리한 상황 속에서도 새로운 관점을 찾아내는 능력은 단순한 논리의 결과가 아니라 인간에 대한 따뜻한 이해에서 비롯된 것으로 생각된다.

이공계에서 출발하여 문과의 최고 난이도라고 하는 '행정고시'와 '사법고시'를 모두 합격한 이력, 그리고 그 안에서 낭만적이면서도, 겸손을 잃지 않는 그의 품성은 지적 완성도와 인간적 깊이를 동시에 보여준다.

이번에 출간하는 『얼굴은 마음의 창』은 그런 그의 내면세계를 엿볼 수 있는 책이다. 깊은 통찰 속에서 자유를 말하고, 고독 속에서 삶의 의미를 찾아가고 있는 문장은 독자에게 묵직한 울림을 남길 것이다. 이 책은 이러한 저자의 사유와 삶이 맑게 녹아든 글들의 모음이다.

그의 글은 따뜻하기까지 하다. 자유를 이야기하면서도 인간의 온기를 잃지 않으며, 고독을 말하면서도 삶의 기쁨을 함께 담고 있다. 문장마다 단단한 이성과 따스한 감성이 공존하고 있다.

이 책의 저자인 박영목 변호사님은 지성과 따뜻함, 논리와 낭만, 섬세함과 인간미를 함께 지닌 요즘 보기 드문 귀한 분이다. 이러한 생각을 담아낸 이 책이야말로 독자 여러분을 새로운 사유의 길로 안내하고 조용하면서도 깊은 감동을 듬뿍 줄 것으로 확신한다. 그리하여 나는 저자의 내면세계까지 오랜 기간 관찰해 온 사람으로서 이 책을 적극 추천하고자 합니다.

2025년 늦은 가을

의사 우돈희*

* 가평에 살고 있으며, 의정부에 있는 큰 병원의 외과 과장으로 일하고 있다.

°들어가며

가평군 설악 장락산(해발 627m) 중턱에 자그마한 쉼터를 지어놓고 10여 년째 기거하면서 떠오르는 이런저런 느낌을 적어 보았다. 잔디를 깔고 편백나무·마로니에·모감주나무·사랑주나무 등 여러 나무들을 심고 계절마다 꽃이 피는 산수유·개나리·진달래·영산홍·목백일홍·수국·병꽃나무 등으로 울타리를 삼고는 피어나는 꽃을 보고, 쑥쑥 자라는 나무와 오고 가는 새들을 보면서 틈틈이 쓴 글들이 모아져서 한 권의 책이 되었다.

고수와 하수, 멘토와 꼰대, 자유와 고독, 슬픔과 행복, 만남과 이별, 인생의 절정기와 노년기, 삶과 죽음 등을 깊이 고민하여 보았다.

그동안 몇 번에 걸쳐 수필집을 낸 경험에 용기를 내어 이번 출판을 감행하게 되었다. 부족한 글이지만 이 책을 읽는 분들께서 잠시나마 재미와 감동을 느끼게 되시길 기대하는 바이다.

가평 설악에서

맥가이버 변호사 박영목

°목차

8장 또다시 한 해를 보내며

9장 좋은 인상과 나쁜 인상

10장 나라가 할 일과 사회가 할 일

1장 당신도 고수가 될 수 있다

물살을 가르며

나는 젊은시절 수상스키 타는 재미에 푹 빠져 틈만 나면 물위를 달리곤 하였다. 촉망받으며 잘 나가던 공직을 어느 날 갑자기 내 던져 버리고 변호사로 막 출발하였을 때다. 당시 38세인데 호기심도 많고 열정이 넘치던 때였다.

사회 이목이 집중된 대형 사건의 변호를 맡아 언론에도 여러번 나왔고 정치에도 2번씩이나 도전하였다가 낙선하는 쓴맛을 보았고, 지금은 변호사 일에만 열중하고 있다.

수상스키는 처음에 두 발에 따로따로 스키를 착용한 후 투스키(TWO-SKI) 시도를 한다. 물도 많이 먹고 수십 번 넘어져 봐야 제대로 설 수가 있다. 투스키(TWO-SKI)로 시작한 후 좌우 이동과 회전까지 숙달되면 한 발로 타는 원스키(ONE SKI) 또는 모노스키(MONO SKI) 연습을 시작한다. 넘어질 때마다 어찌나 물을 많이 먹었는지 한강 물 수위가 조금 내려간 느낌이었다.

마지막으로는 원 스키 슬라롬(ONE-SKI SLALOM)이라고 하여 시속 30~40km로 달리는 배 뒤에 매달려서 배가 만들어 내는 좌우 파도를 "왔다 갔다." 하면서 가로지르는 것인데 발바닥에 에지(Edge) 각도를 주면서 파도를 건너뛰는 재미는 스릴 만점인다.

생각만 해도 더위가 싹 가신다. 요즘에도 가끔씩 지인들을 만나면 그분들을 배 앞좌석에 태우고 나는 뒤에 매달려서 수상스키를 즐긴다. 수상스키를 타는 값(25,000원 정도)을 내면 2~3명 배에 타는 것은 무료이다. 어차피 운행하는 배인 데다가 앞좌석을 눌러 주어야만 수상스키를 더 쉽게 끌 수 있기 때문이다.

20분 정도 수상스키를 타고 물 위를 달리고 나서 출발지 선착장 앞에 도착하였을 때 배는 고속으로 지나쳐 가고 나는 우측으로 방향을 확 꺾어서 돌진하면서 양손에 잡은 로프를 '탁' 던져 주고 수면에 사뿐히 내리게 되는데 그 모습이야말로 수상스키의 가장 큰 매력이다. 그 때마다 배에 탄 사람이나 선착장에 서 있던 관중들이 "와!"하고 엄지척을 하면서 박수를 쳐 주곤 한다.

내 인생은 덧없이 흘러가고 있어도, 무더위가 기승을 부리는 여름철에는 수상스키 타는 재미에 푹 빠져 교통체증 없는 물 위를 시원하게 달리면서 옛 시절을 추억하곤 한다.

고수와 하수의 차이

고수는 생각하는 시간이 많고

하수는 말하고 떠드는 시간이 많다.

고수는 혼자서 책을 읽거나 사색하는 것을 좋아하고, 하수는 신문 보는 것도 싫어하고 여럿이 모여서 노는 것을 좋아한다.

고수는 나이가 많아도 얼굴 표정이 밝다. 하수는 젊은데도 표정이 굳어 있고, 근심· 걱정이 많은 얼굴이다.

고수는 하고 있는 일이 재미있기 때문에 '항상 웃는 얼굴'이다. 하수는 돈을 잘 벌어도 욕심을 더 내기 때문에 웃을 줄을 모르며 '경직된 얼굴'을 하게 된다.

고수는 한 직장을 오래 다닌다 '10년 이상 한 우물을 판다.' 어느

새 전문가가 되어 주변으로부터 존경과 신뢰를 받는다. 하수는 2, 3 년마다 직장을 옮겨 다닌다. 진득하게 오래 근무하지를 못한다. 주변으로부터 언제 그만둘지 모를 사람으로 인식된다.

고수는 한가지 생각에 몰입하고,
하수는 만 가지 잡념으로 가득 차 있다.

고수는 Open Mind를 가지고 있으며, 개방적이다.
하수는 '폐쇄적'이다.

즉 고수는 다양한 사람을 만나고, 여러 방면의 책을 읽고, 여행경험도 풍부하여 이해의 폭이 넓다. 하수는 자기주장을 굽히지 않는다. 마주 한 사람을 불편하게 한다.

고수는 평소에 꾸준히 좋은 사람들과 연락을 하고 지낸다.
하수는 일이 생겼을 때 비로소 관련된 사람을 찾아 나선다.

고수는 집안이 깔끔하게 정돈되어 있으며, 단순하다, 꼭 있어야 할 물건만 있다. 하수들은 집안이 복잡하다. 온갖 것들로 가득하고 지저분하다. 모두 다 '필요하다'고 믿고 있으며 아까워서 하나도 버리지 못한다.

고수는 생활이 심플(Simple)하다. 잡다한 약속이 없다.

불필요한 일에 시간과 에너지를 허비하지 않는다.

하수들은 일상 생활 자체가 복잡하고 불규칙하다. 쓸데없는 약속이나 모임이 많다. 조용히 있지를 못하고 수시로 전화가 여기 저기서 걸려 오고, 연락이 없으면 자신이 먼저 전화를 하며, 온갖 약속을 많이 만든다.

고수는 불필요한 요청을 거절할 줄 안다.

하수는 거절을 하면 '큰일' 나는 줄 안다.

즉, 고수는 누구로부터 '만나자'거나 '시간을 내 달라'는 요청을 받았을 때, 중요한 일이 있으면 적절한 핑계를 대고 '거절'할 줄 안다.

하수는 누가 '밥을 사 주겠다'거나 '온종일 시간을 내 달라'고 하면 거절을 못 하고 다른 약속을 미루고서라도 만나러 나간다.

심지어 '1박2일 펜션에 놀러 가자', '4박5일 해외여행을 같이 가자'고 요청하여도 자신을 좋아하고 끔찍이 생각해서 그러는 줄 알고 웬만하면 흔쾌히 승락하고 따라 나선다.

이런 하수들은 '사람 좋다.' '인간성 좋다.' '성격 좋다'는 소리를 듣지만 자기 분야에서 크게 발전할 수가 없다. 왜냐하면 맡은 일에 몰입할 시간과 에너지를 다른 곳에 쓰기 때문이다.

고수들은 운동을 하여도 최고 수준급까지 오른다, 골프를 시작하였다면 70대 타수(Single 핸디캡)까지, 스키·스노우보드는 최상급 슬로프까지, 수상스키는 한발로 타면서 좌우로 내 달리는 원스키 슬라럼(slalom)까지, 스쿠버다이빙(Scuba-Diving)은 인스트럭터(Instructor)까지, 배드민턴·탁구·테니스도 선수급까지 숙달되도록 노력한다.

하수는 골프를 10년 이상 하여도 보기 플레이(90대 타수) 정도에 그치고, 나머지 운동도 아예 시작을 안 하는 경우가 많고, 한두 가지 시도하였다 하더라도 초보 수준 정도까지만 하고 그만둔다.

고수들은 호기심이 많다.
호기심이 강하면 세상살이가 재미있고
호기심이 사라지면 사는 것이 지루하기만 하다.

고수는 주제 파악을 잘하고 절제할 줄 안다. 즉, 권력이 높아도 휘두르지 않고 돈이 많아도 절약하며 음식도 소식을 한다.

하수들은 욕심이 많아서 과욕을 부린다. 즉, 하고 싶은 것을 참지 못하고, 먹고 싶은 것을 마음대로 먹고, 비싼 반지· 목걸이·시계를 차려고 하며 화려한 옷과 고급 신발을 착용하는 것을 좋아한다.

고수는 화를 내는 법이 없다.
하수들은 하루에도 몇 번씩 벌컥 화를 낸다.

교만하기 때문에 자기 마음에 들지 않으면 화난 목소리로 상대를 고쳐 놓으려고 한다.

고수들은 시간적으로나, 경제적으로나 자유롭다.
하수들은 감투(여러 모임 등의 회장·부회장·총무)를 좋아하고, 평소 생활 자체가 너무나 분주하고 바쁘게 돌아간다.

고수는 매사에 긍정적이고, 하수는 일단 부정적이다.
즉, 고수는 모든 일이 잘될 거라고 생각하고, 하수는 '그게 될까?' 하면서 늘 의심을 한다.

고수는 고요하고 안정적이다. 하수들은 고요함과 적막함을 견디지 못하고 가만히 있지를 못한다. 정서적으로 안정감이 없다. 고수는 감정의 기복이 없고 느긋하고 여유롭다. 하수는 크게 웃거나 크게 화를 내는 등 감정의 기복이 심하고 늘 분주하다.

고수는 숯덩이가 불덩이만 되면 만족한다.
하수는 숯덩이가 금덩이가 되기를 바라면서 욕심을 낸다
고수는 평소에도 열정이 넘쳐난다.
하수는 늘 자존감과 자만심이 가득하다.

고수들도 처음에는 하수였다. 다만, 고수는 촉이 발달해 있고, 직관력· 관찰력·통찰력이 높다. 그리하여 고수는 하수일 때도 고수를 금방 알아본다. 하수는 고수를 만나도 알아보기는커녕 약간 부족한 사람으로 보고 멀리한다.

고수는 고수들과 가까이 지낸다. 그렇게 매일 같이 내공이 쌓여가면서 그 분야의 전문가로 성장하게 된다.

고수는 규칙적이고 담담하게 살아간다. 이 사람 저 사람 많이 만나지 않는다. 인간관계가 복잡하게 얽히는 것을 싫어한다.

하수는 하루하루가 복잡하고, 여러 모임을 찾아 다니며 많은 사람을 만난다. 고수는 오라는 곳이 거의 없다. 하수는 가 봐야 할 곳이 너무나 많다.

고수는, 조직 내에서, '그만두고 나갈까' 봐서 걱정을 한다.

하수는 권고사직 형식으로 나가라고 할까 봐 항상 두렵다.

고수는 그가 없으면 조직 전체가 타격을 입고 휘청거린다.

하수는 아예 사표를 내고 제 발로 나갔으면 하는 사람이다.

고수는 조직내에서 존경과 칭찬을 받는다. 하수는 비판을 받고 왕따를 당한다. 하수들은 매사에 이기적이고 말이 많기 때문이다.

고수는 시간을 잘 지킨다.

하수는 시간 약속을 소홀히 한다. 즉, 고수들은 약속 시간보다

15분 먼저 도착하려고 한다. 하수들은 제시간에 딱 도착하려고 한다. 그러다 보니 5분, 10분 늦을 때가 많게 된다.

고수는 약속한 시간보다 먼저 도착해 있는 경우가 대부분이고, 15분 먼저 도착하여 기다릴 생각으로 일찍 출발하기 때문에 차량정체 등 변수가 생겨도 약속 시간보다 늦게 도착하는 경우는 거의 없다. 하수는 약속 시간보다 늘상 늦게 도착한다.

고수는 귀신 같다는 별명이 많다.

하수는 거북이 같다는 별명이 많다.

즉, 고수는 말도 빠르고 눈치도 빠르고 행동도 빠르다. 매사에 정확하여 칼같다·귀신이다·똑 부러진다는 평을 듣곤 한다.

하수는 매사에 느릿느릿하다. 이것저것 문제점을 따져 보느라고 신속한 결정을 내리지 못하고 일을 마무리하지도 못한다. 반면에 고수는 자신감이 있으므로 의사결정이 빠르고, 맡은 일을 신속하게 마무리한 다음 결과 보고까지 한다. 고수는 회사 일이든, 이성 간이든, 동성 간이든 문자에 대한 답변도 빠르다. 소위 '칼답'이다. 이는 사랑과 애정이 넘쳐나기 때문이다.

하수는 답하는 속도가 느리다. 열정이 없기 때문이다. 조직이나 상대방에 대한 애정이 식으면 내키지 않고 답하기도 싫어지기 때문이다. 고수는 퇴근 후나 밤중에도 칼같이 답을 보낸다. 하수는 일과 시간에 온 공적인 문자도 뒤늦게 보고 나서 어쩔 수 없이 짧게 답하고 만다.

고수는 시작과 도전을 잘하고

하수는 현실에 안주한다.

즉, 고수는 하던 일이 익숙해지고 편안해지면 새로운 일을 시작하고 도전한다. 하수는 현실에 안주하려고 하고 새로운 위험(Risk)을 감수하려고 하지 않는다.

고수는 매일 같이 새롭게 피어나는 '꽃'과 같은 삶을 살아가는 사람이다. 하수는 매일 똑같은 일을 되풀이하면서 살아가며, 어떤 틀에 박혀서 벗어날 줄 모르는 사람이다.

우리 모두, 낡은 것으로부터, 묵은 것으로부터, 비 본질적인 것으로부터 벗어나야 한다. 그리고 거듭거듭 훌훌 털고 일어설 줄 알아야 한다. 우리 모두 각 방면의 고수들을 첫눈에 알아보고, 친하게 지낼 필요가 있다. 고수들한테는 배울점이, 본받을 점이 무궁무진하다.

당신은 고수인가? 하수인가?

그 중간 정도일까?

일정기간 노력하면 누구나 고수가 될 수 있다. ·

나는 꼰대일까 멘토일까

꼰대는 '카카오톡' 메시지를 여기저기 열심히 보낸다.
멘토는 오는 메시지를 읽어 보고 답을 보내는 정도로 그친다.

꼰대의 하루는 복잡하고 항시 바쁘다.
멘토의 일정은 단순하며 생각하는 시간이 많다.

꼰대는 막 떠들고 멘토는 과묵하다.
꼰대는 목소리가 크고 멘토는 나지막하다.

꼰대는 말이 많고 길다
멘토는 통화도 간략하게 한다.

꼰대는 잘난 척을 하고
멘토는 언뜻보면 '바보인가?' 싶을 정도로 겸손하다.

꼰대는 묻지 않는 것도 가르쳐 주려고 한다.
멘토는 묻는 것만 말해 준다.

꼰대는 자신의 성공담을 자랑한다.
멘토는 자신이 실패한 것을 설명해 준다.

꼰대는 잘나가던 과거를 말한다.
멘토는 현재와 미래를 이야기한다.

꼰대는 듣는이에게 지루함을 주고
멘토는 듣는이에게 깨달음을 준다.

꼰대는 만나는 사람마다 가르치려 든다.
멘토는 그 누구도 가르치려고 하지 않는다.

꼰대는 나이가 들면 귀를 닫고 말을 많이 하려고 한다.
새로운 것을 접해도 시큰둥하고 관심이 없게 된다.

멘토는 다른 사람들의 말에 귀를 기울이고
호기심과 열정이 가득하다.

꼰대는 자신이 멘토인 것으로 착각하고,
멘토는 나는 평범한 사람이라고 생각한다.

꼰대는 요즘애들이란 말을 자주 사용하고,
커피잔을 들고 출근하는 젊은이를 보면 기분이 나쁘다.

은퇴한 지 수년이 흘렀다.
그 시절을 돌아보고 싶고 그 시절을 그리워 한다면 좋다.
하지만, 그리움에 머물지 않고
그 시절을 자랑하고 싶다면
'나는 꼰대임이 분명하다'고 할 수 있다.

"공무원 연금 너무 많은 것 같아! 개혁해야 돼"라고 말하는 사람과 맞닥뜨릴 때 기분이 나쁘면 이미 꼰대인지도 모른다.

나 때는 말이야… 하고 지난날을 자꾸 얘기하면 꼰대이다.

너 잘되라고 하는 말인데… 하면서 자꾸 조언을 하면 그것도 '꼰대'라고 할 수 있다.

꼰대는 사람을 만나면 나이부터 물어보고 자신보다 어린 사람에게는 반말을 한다. 꼰대는 '요즘 젊은 애들은 노력을 하지 않고 세상탓을 하고 불평 불만이 많다'고 생각한다.

꼰대는 '자유롭게 의견을 이야기하라'고 해 놓고 나중에 보면 자신이 먼저 답을 제시한다.

나이 들어서는 꼰대 소리 듣는 것도 그리 나쁜 것은 아니다

그러나 기왕이면 '멘토'를 지향해 볼 일이다.

나는 꼰대일까? 멘토일까?

당신은 진정한 멘토인가요?

겸손해야 한다

교만한 사람은 곧잘 상대방을 무시한다.

심지어 상대가 잘한 일조차 인정하지 않고 어떻게 해서든지 깎아내리며 단점을 찾으려고 한다. ‘운이 좋았던 거야’ 또는 ‘환경이 좋았을 뿐이야’라고 하며 불평을 한다. 반면에, 겸손한 사람은 상대가 잘한 것을 보면, ‘그 사람은 열심히 노력했지, 나도 본받아야겠다’라고 칭찬하고 상대방의 장점을 인정하면서 배우고자 한다.

내 주변에도 교만한 사람이 몇 있다. 친구 잘되는 꼴을 못 본다. 잘 나가는 친구를 만날때도 한마디 칭찬하는 말을 하는 것을 본 적이 없다. 그저 자신이 최고요, 잘 났다고 강요하는 말투이다. 주변에서 ‘저놈은 입으로 망할 사람이다’라고 할 정도이다.

어느 모임에서나 교만한 사람이 있다. 이제는 겸손한 사람만을 골라서 만나야겠다. 착하고 긍정적인 좋은 사람을 만나기에도 남아 있는 시간이 부족하다. 매사에 부정적이고 불평불만이 가득하고 주변 사람들을 비판하기만 하는 교만하기 짝이 없는 사람들의 전화번호를 추려내어 일단 '수신 거부'하여 두어야겠다.

연락이 왔었다는 기록만 보아도 기분이 나쁘니까.

하루하루를 연습처럼 편안하게

인간이 즐거움을 추구하노라면 괴로움이 따라 올 수밖에 없고 행복을 추구하는 한 불행도 더러는 겪을 수 있다.

즐거움과 괴로움은 서로 의지한다. 고통을 없애고 싶은가? 그럴 경우 행복도 찾아오지 않을 수 있다. 태어난 이상 죽는 날이 오게 되고, 건강하여도 병든 날이 오게 된다.

행복이 있으면 불행한 날도 오게 된다. 태어날 때부터 죽는 날까지 계속하여 행복하기만 할 수는 없다. 즐거운 날이 계속되다가도 어느 날 부모님이나 가까운 사람들이 크게 다치거나 돌아가시게 되면 괴로운 날들을 겪게 된다.

인간은 왜 괴로워해야 하는가? 이 고통은 어디서 오는 것인가? 마음을 비울 필요가 있다. 항시 초연하고자유로운 영혼으로 하루하루를 살아갈 필요가 있다.

골프나 축구 등 운동선수는 연습때는 실전처럼 치밀하게 한다. 그러나 실제 경기에서는 마음을 비우고 연습 때처럼 부드럽게 한다. 그래야만 연습 때 갈고닦은 실력이 마음껏 발휘될 수 있다. 우리네 인생살이도 매사에 마음을 비우고 연습처럼 해보자. 하루하루가 실전의 연속이기 때문에, 마음의 여유를 가지고 지혜의 안목으로 삶의 문제를 풀어 나가야 한다.

오늘도 실전의 날일 테니 연습처럼 부드럽게 대처해 보자. 그래야 주변 사람들이 보기에도 여유가 있어 보여서 좋고, 서두름이나 조급함이 없어서 믿음직하다.

그러다 보면 어느새 불안감이나 초조함 없이 평온한 마음으로 사람을 대하고 고요하게 대처를 하게 되니 행복감마저 느낄 수 있게 된다.

이렇듯 편안한 마음가짐으로 여유 있는 삶을 살아가노라면, 매일매일 실행해 온 연습 같은 실전이 계속 쌓여서 얼굴 표정도 평안하여지고, 존경하고 따르는 사람들도 많아지리라.

호감을 넘어 존경까지 받으려면

호감을 주는 얼굴이 되고 싶은가?
항상 쾌활하게 웃어라.

예쁜 입술을 갖고 싶은가?
늘 좌우 입꼬리가 올라가도록
웃는 표정으로 말을 하여라.

사랑스러운 눈을 갖고 싶은가?
다른 사람들의 좋은 점만을 보도록 하여라.

비만에서 벗어나고 싶은가?
내가 먹을 음식을 배고픈 사람과 나누어라.

칭찬을 받고 싶은가?

다른 사람을 무조건 '칭찬'하도록 해라.

존경까지 받고 싶은가?
한 손은 나를 위하여 사용하고
다른 한 손은 남을 돕는 데 사용하라.

이렇게만 실천하면
해를 거듭할수록
웃는 얼굴·편안한 얼굴이 만들어져서
처음 마주하는 사람들에게도
호감을 주고 존경까지 받게 될 것이다.

밝게 웃는 얼굴과 건강이 행복의 척도이다

첫인상!

사람을 만나면 처음 볼 때 느끼는 인상이 있다. 10초 정도 걸린다. 그 순간이 그 사람의 인간성을 결정한다. 첫인상이 바로 그 사람의 행복한 정도를 보여주는 척도이다. 밝고 웃는 얼굴이면 그는 행복한 사람임에 틀림없다. 밝고 쾌활하여야 잘 살 수 있다. 명랑하고 씩씩하면 세상 모든 일이 즐겁게 느껴진다.

낙천적인 사람은 10가지 일 중 한 개만 성취하여도 아주 기뻐한다. 우울한 사람은 10가지 목표 중 9개를 이루더라도 기뻐하지 않는다.

실패한 한 가지 일에 크게 상심하고,
화를 벌컥 내고 좌절한다.
밝고 명랑한 사람은 불행한 일이 생겨도

크게 화를 내거나 쉽게 좌절하지 않는다.
병든 대통령보다
건강한 거지가 더 행복하다.

인간의 행복 조건에서 가장 중요한 것 중의
하나가 건강이다.
다른 것을 위하여 건강을 희생하는 일보다
어리석은 것은 없다.
재물·승진·명예도
건강을 해치면서까지 추구할 이유는 없다.
건강이 먼저 선행되어야
행복도 명예도 있는 것이다.

건강함 속에서 웃음을 잃지 않도록 노력하여야 한다. 그 사람이 얼마나 행복한지는 환하게 웃을 수 있는 명랑한 얼굴 표정에서 확인할 수 있다. 항상 긍정적인 생각으로 살면서 늘 웃는 얼굴을 가져야 한다. 그래야만, 명랑한 얼굴과 상큼한 목소리를 보고, 듣는 상대방들 모두가 나를 좋아하게 될 것이다.

욕심을 확 줄여야 행복감을 느낄 수 있다.

제아무리 돈이 많아도, 권세가 높아도 욕심을 계속 부리는 한 인간은 행복할 수 없다. 대통령도 욕심을 부리면 파면이 되고 감옥에까지 가게 되고, 기업인도 과욕이 심할 때 회사를 망하게 하고 징역살이도 할 수 있다.

만족이라는 한자의 뜻을 보면 "차오른다."는 뜻의 만(滿)이고, 발 족(足)이다. 즉 '발에 물이 차오르면 만족한다'는 뜻이 된다. 발목까지 물이 차올랐을 때 멈추는 것이 바로 가장 적당한 행복이라는 뜻이다.

흘러가는 계곡물에 발을 담그고 있는 정도가 바로 행복이라는 뜻이다. 그러나, 보통의 우리들은 '목까지 차오르고 머리끝까지 채워져야만 행복할 것'이라는 지나친 욕심을 가지고 있기 쉽다. 반성할 필요가 있다. 과욕은 불행을 자초하고, 자신의 분수를 지키며 마음의 평화를 유지하는 것이 바로 행복이다. 일찍이 노자가 도덕경(제44장)에서 설파한 바 있다.

“지족불욕(知足不辱) 지지불태(知止不殆)”

즉 “만족할 줄 알면 욕되지 아니하고, 적당히 멈출 줄 알면 위험한 꼴을 당하지 않는다”

작은 것에도 만족할 줄 알고 매사에 감사할 줄 알아야 행복한 사람이 된다.

2장 인생 별거 아니다

우리는 어디에서 왔다가 어디로 가는 것일까

우리는 어디에서 왔을까?
어머니 뱃속에서 나왔다.
그전에는 어디에서 왔을까? 글쎄다.

우리는 어디로 가는 것일까?
잘해야 100년 정도 살다가 간다.
그다음에는 어디로 가는가?
죽는다.
죽은 다음에는 어디로 가는 것일까?
글쎄다.

잘 모르는 곳에서 왔다가
잘 모르는 곳으로 가는 걸까?
우주에서 왔다가

우주로 돌아가는 것일까?
하늘에서 왔다가 천당으로 가는 걸까?
무언지 모르는 곳에서 왔다가 극락으로 환생하는 것일까?

대체
우리는 어디에서 왔다가
어디로 가는 것일까?
이것도 잘 모르면서
너무 바쁘게 하루하루를 살고 있는건 아닐까?

이제라도
여유를 가지고
생각하면서 하루를 보낼 일이다.

인생 별거 아니더라

중고교 시절에는 '명문 학교 합격해야 한다'면서 책상 앞에 써 붙인 슬로건이 "오직 공부"였었다. 그렇게 열심히 했어도 고교입시에서 낙방하여 후기 모집 학교에 들어갔고, 대학도 불합격하여 1년 재수한 끝에 일류대학에 가기는 하였다.

새내기 시절 1년은 실컷 놀아서 좋았는데 2학년이 끝나갈 무렵 어느 날 군입대와 취업이 걱정이 되었다. 무작정 고시라도 하나 패스해야 할 것 같아, 중대 결심을 하고 죽기 살기로 오랜만에 공부다운 공부를 시작했다.

결과는 1차 시험부터 낙방!

오기가 나서 머리말에

"최후에 웃는 자가 승리자이다"라고 써 붙이고 독하게 밀어붙였다. 그랬더니 이번에는 행정고등고시를 1차 객관식 시험과 2차 주관식(3일간 6과목) 논술고사, 3차 구두 면접시험까지 한꺼번에 통과하는 행운이 찾아왔다. 그 정도로 멈추고 공무원을 계속하였더라면 여느 시험 동기생들과 같이 최소한 중앙부처 국장을 하고, 운이 따랐으면 장·차관까지 하였을 텐데…. (행정고등고시 131명 합격자 중 6명이 장관까지 올랐으니 5% 확률인 셈이다.)

너무 일찍인 대학 3학년 때 '행정고시'를 패스한 탓에 '시간이 남는다'는 구실로 사법고시에 도전하기로 하였다. 여기서부터 인생이 꼬였는지도 모른다.

사법고시는 몽땅 '법률 과목'이라서 공부량이 제법 많았다. 1차 시험을 두 번이나 떨어지고 나서는 책상 위에 "단 1명을 뽑더라도 나는 합격한다. 왜냐하면 가장 열심히 하였으니까!"라고 써 붙이고 온종일 도서관에 틀어 박혀서 매진하였다. 그랬더니 2차 논술시험(4일간 8과목) 결과 상위권 성적으로 합격통지를 받았다.

육군장교로 군 복무를 필하고 공직에 임용되었다. 하는 일은 그런대로 보람 있고 좋았다. 그러나 조직 내 인사 청탁 분위기가 싫었고, 존경할 만한 상사가 거의 없었다. 유일한 친구가 '술'이었다. 스트레스는 쌓여 갔고 희망은 보이지 않았으며, 오로지 술 마시는 순간만은 즐거웠다. 술 취한 다음 날은 머리가 깨질 듯 아팠고 속은 울렁거렸다. 한 달여 동안 고민 끝에 장·단점을 분석해 보고는 공직을 때려치우기로 하였다.

신문, 방송에 크게 보도되었다.

'엘리트 공직자 사직서 제출'이라고….

그 후 몇 번의 정치 출마에서 모두 낙선의 고배를 마셨다. 인생, 뜻대로 되지 않았다. 한 가지만 했더라면 지금 연금도 많이 받을 텐데…. 다른 동기생들은 연금 받으면서 쉬고 있는 나이에 나는 변호사 일을 계속하고 있다. 그 친구들은 속도 모르고 '나이 들어서도 일하고 있다'면서 '부럽다'고는 한다.

인생, 살아 보니 별거 없다. 출세도, 재산도 타고 나는 모양이다. 뜻대로 되지 않는 것이 사람 사는 일이다. 오늘이 마지막 날인 것처럼 열심히 살아야겠다. 이제는 매 순간이 마지막인 것처럼 즐기면서 행복을 추구할 때이다.

그리운 사람

저세상으로 갔을 경우 장관급 이상은 신문에 사진까지 게재하면서 소식을 전하고, 차관급 정도는 사진 없이 부고란에 올리는 것이 언론사의 관행인 듯하다.

이렇듯 죽은 후에 언론에 보도가 되고 모든 사람이 단지 하나의 뉴스로 금새 알게 되는 유명 인사보다는 누군가 몇 사람이라도 그 죽음을 진정 슬퍼해 주는 분들이 있을 때 이승에서의 삶이 값어치가 있는 것이리라.

느낌이 좋은 사람으로 만나서 착한 사람으로 교제하고, 떠날 때는 그리운 사람으로 남아야겠다. 사회적 지위나 재정적 상태와는 관계없이, 늘 겸손하고 마음이 넓고 정겨우며, 남의 어려움을 잘 헤아려 줄 줄 아는 지혜로운 사람이 되도록 노력할 일이다.

'자유'와 '외로움'은 친구사이

60번째 생일을 맞는 해에 서울 아파트 집을 한국주택금융에 담보로 제공한 다음, 약간의 여윳돈을 만들어서 경기도 가평에 있는 장락산(해발 627m) 중턱(해발 약 300m) 계곡 옆에 붙어 있는 조그마한 땅을 구입하였다. 땅값을 치르고 나니 집 지을 여력이 없어서 서툰 솜씨로 원두막을 짓고 이동식 황토방(6평짜리)을 가져다 놓고, 마당에는 잔디를 깔았다.

울타리에는 '사철 푸르다'는 사철나무와 하얀 꽃봉오리가 풍성하게 피는 수국으로 뼁 둘렀다. 마당 주변에는 과실수로 복숭아, 사과, 배, 왕대추, 밤나무, 앵두나무, 보리수를 심었다.

그리고 꽃이 멋진 나무만을 골라서 심어 보기로 하고, 우선 '여름철 100일 동안이나 꽃이 핀다'는 목백일홍(배롱나무)을 2그루 심었다. 그 옆에 목련·라일락·풍년화·칠자화·모감주나무·사랑주나무·3색 버들을 심었다. 이어서 '살아서 1,000년 죽어서 1,000년을 간다'는 주목을 심고 향나무·복자기 단풍·자엽 안개나무를 심었다.

담장 밑에는 꽃잎이 멋지게 올라가는 능소화, 꽃의 여왕이라는 모란, 빨간 꽃잎이 예쁘게 피어나는 명자나무와 꽃봉오리가 둥그렇게 탐스러운 작약을 심었다. 이렇게 정원수와 꽃나무들로 채우다 보니 어느새 동화책에 나오는 그림 같은 집이 되었다.

주말마다 찾아와 여기 산속에 있다보니 자유는 충분하다. 그런데 조금 외롭기도 하다. 그러나 외로움 가운데에 자유도 있는 게 아닐까? 자유와 외로움은 친구이다. 그 둘이 합쳐지면 자유로움이 된다. 외로움 사이를 파고드는 맑은 공기, 눈부신 햇살, 시원한 바람, 상큼한 풀냄새, 코를 찌르는 여러 꽃들의 향기!

고개를 들면 푸르디 푸른 하늘, 어디론가 흘러가는 구름들! 밤이 되면 쏟아져 내릴 것만 같은 수많은 별들, 산중턱이라 그런지 손에 잡힐 듯이 가깝게 떠 있는 노오란 달님! 이들이 모두 친구가 아닌가! 말이 없어도 통하는 무언의 친구들이다.

산중에서 지내다 보면 흙·풀·나무·꽃·바람·비·구름·하늘·숲·별·달 어느 누구와도 친구로 지내게 된다. 그 중 제일은 낮에는 '꽃'이요, 밤에는 '별이리라.

맨발로 걸을 수 있도록 울타리를 따라 황톳길을 만들었다. 땅으로부터 '전기적 에너지'를 공급받고 동시에 접지(Earthing)를 통하여 체내의 '활성산소'가 빠져 나가게 된다. 또한 지압 효과로 인하여 웬만한 질병은 거의 다 낫게 된다고 한다. 다른 동물과 같이 인간도 맨발로 걸어야만 건강하게 '천수'를 누릴 수 있다.

태초에 조물주가 인간을 창조할 때 맨발로 걸어 다니면서 과일을 따먹고 수렵과 농사로 생명을 유지하도록 설계하였을 것이리라. 운동화나 구두를 예상하지 아니하였을 것이다. 따라서 현대를 사는 우리도 가끔은 반바지만 입은 채 맨발로 땅을 밟으면서 걸어 주어야만 충분한 햇볕을 온몸에 받게 되고, 두 발의 접지로 인하여 체내의 전기와 활성산소가 지구자기장 속으로 빠져나가게 된다. 그래야 면역력이 높아져서 병도 안걸리고 암세포도 발붙이지 못할 것이다.

맨발로 걸으면서 마당에 있는 여러 식물들과 말 없는 대화를 나눈다. 내가 심은 나무는 더욱 예뻐 보인다. 어려서부터 정성들여 키워왔기 때문이리라. 나무와 꽃들이 이제는 자식 같다.

사람은 열 번 잘해주다가도 한번 서운하게 되면 그동안 쌓아온 친분이 하루 아침에 물거품이 되고 웬수 같은 사이가 되기도 한다. 그러나 나무와 꽃들! 이 친구들은 정성들이고 노력한 만큼 배신하지 않고, 멋지고 아름다운 모습을 보여 준다. 웬만한 사람보다 나무와 꽃들이 더 좋다.

나는 여기 산속에서 나무와 꽃들을 가꾸면서 자연인처럼 지내는 시간이 너무나 행복하다. 빚을 얻었을지언정 이 조그마한 산속 오두막 쉼터를 마련한 것은 내 인생 최고로 잘한 일이다.

어쩌다 지인들을 초대하여 마당에 앉아 숯불 위에서 향기롭게 익어가는 안주를 벗삼아 술을 몇 잔 들이키고 나면 손님들 하는 말, "천당이 따로 없네! 여기가 천국일세!"

어른이란

어른이란 인생의 밑바닥을 경험해 본 사람이요
인생의 쓴맛을 맛본 사람이다.

어른이란 욕심을 내려놓을 줄 아는 사람이다.
용서할 할 줄 아는 사람도 어른이다.

어른은 어린이들에게 용기와 희망을 주는 사람이다.
젊은이들로부터 존경을 받는 사람도 어른이다.

어른은 지혜가 쌓여 도서관과도 같은 사람이다.
이 세상 모든 고민을 귀담아 들어 주는 사람도 어른이다.

어른은 어느 누구와도 싸우거나 말다툼을 하지 않는 사람이다.
이성으로부터 존중을 받는 사람도 어른이다.

어른은 하수에서 벗어난지 오래된 고수이며 꼰대가 아닌 멘토이다. 자신이 결정을 내리거나 선택한 것에 대하여 책임을 질 줄 아는 사람도 어른이다. 어느새 나이가 많아진 당신은 어른에 해당할까요?

젊은 당신에게는 존경하는 어른이 몇 사람이나 있을까요?

무조건 의뢰인 편에 서는 고질적인 나의 직업병

공직에 있을 때는 양쪽의 주장을 모두 들어본 이후에 공정한 판단을 하려고 노력하였으나, 변호사란 직업으로 바꾼 이후에는 언제나 의뢰인 편에 서서 일을 하는 큰 병이 생겼다.

일을 맡기려고 온 의뢰인 편에 서서 이야기를 들어주는 나만의 원칙이 있다. 남편의 폭력 때문에 이혼을 고민하고 있다는 의뢰인이 오면 "마음고생이 얼마나 심했겠어요? 더 이상 매 맞고 살 이유는 없지요! 아이들도 다 컸으니 이혼합시다"라고 하면 눈물까지 흘리면서 감동한다.

반대로 상습적 가정폭력을 일 삼아서 이혼재판의 피고가 된 남편이 왔을 경우에는 "부인이 맞을 만한 일을 하는 경우도 많겠지요? '더 이상 폭력은 하지 않겠다'고 각서를 써주고 가정을 유지 하세요" 하면 '자기 심정을 알아준다'면서 "부인이 매사에 간섭과 잔소리가 너무 심하여 말로는 못 이기기 때문에 어쩔 수 없이 손이 올라 갔다"라고 너스레를 떤다.

변호사 사무실이 법원 앞 도로변 1층에 있는 탓에 지나가는 사람들이 쉽게 문을 열고 들어와 이런저런 상담을 하곤 한다. 얼마 전에는 나이가 지긋한 남자가 들어오더니 "내가 큰 죄를 지었는데 나이 들고 병든 몸이니 감옥만 안 가도록 해달라"고 통 사정을 하였다. 죄명은 아동 성 추행범, 3회에 걸친 어린 아동에 대한 성추행 범죄인데 실형(3~5년)이 예상되었다. 2년에 걸친 재판 끝에 1, 2, 3심 모두 무죄 판결을 받아냈다.

의뢰인 편에 서서 피해자 진술의 일관성 없음을 하나하나 지적하였다. 피해자가 성폭력 상담소를 찾아가 상담하면서 코치를 받았는지 진술 내용이 상당히 과장, 왜곡되어 있었고 그 후 경찰의 1차, 2차 조사를 거쳤는데 조사 때마다 중요한 부분이 조금씩 다르게 진술되어 있었다.

"이렇게 본인이 당한 내용에 대한 진술임에도 일관성이 없으므로 유죄로 단정할 수 없다"고 변론을 하였더니 결국에는 무죄 판결이 나오게 된 것이다.

또 23세에 사망한 유명 남자(듀스, 김성재) 가수에 대하여 살인 혐의를 받고 있는 연인을 의뢰 맡아서 무죄를 이끌어 낸 일도 있다.

"피해자 몸에서 동물마취제(졸레틸)성분이 검출되었으나, 의뢰인이 동물 병원에서 구입한 양은 5cc로서 설명서를 보면 '50kg 동물

(침팬지 등)을 3시간 동안 마취 시킬 수 있다' 고 되어있으므로 당시 74kg이었던 남성 피해자를 사망시킬 수 있는 "치사량'에 미달 되는 양이었다" 고 일관되게 주장하였더니 '살인이라고 단정할 증거가 부족하다' 면서 결국 무죄 판결이 나왔다.

민사재판에서도 4억 원의 손해 배상을 청구당한 의뢰인이 조정과정에서 '1억 원을 주고 끝내 겠다'고 하였으나, 변호사인 내가 반대하여 끝까지 재판을 하여 1, 2, 3심 모두 승소판결을 받아내고 소송비용으로 3,000여만 원을 되받아 주었다. 변호사 일을 오랫동안 하다 보니 무조건 의뢰인 편에 서서 용감히 돌진하는 '직업병'이 생겼다. 의뢰인 한테는 칭찬을 받곤 하는데 '그 상대방은 억울해 하지 않을까' 걱정도 된다.

자택이 경기도 안산시인데 서울에서 음주를 한 의뢰인이 자신의 차안에서 잠을 자고 다음 날 아침 술이 깬 다음 귀가할 생각으로 도로변에 주차한 차량에서 잠이 들었다. 그런데 새벽 시간이 되자 앞뒤에 주차되어 있던 차량이 모두 가 버리고 의뢰인 차량 혼자만 덩그러니(약간 비스듬한 채)있는 데 그 안에 사람이 자고 있는 것을 보고 행인이 '도로 안쪽으로 비스듬히 주차된 차안에 사람이 자고 있는데 차량통행도 많은데 위험하다'고 경찰에 112신고를 하였다.

경찰이 출동하여 의뢰인을 깨우고 연행하여 음주 측정하니 면허취소 수준으로 확인되었고 근처 CCTV를 살펴보니 차량이 약간

(30cm정도) 움직이는 모습이 나타났다. 이를 이유로 1년간 면허 취소 처분과 벌금 700만 원이 부과되었다.

이 사건을 맡게 된 나는 또 의뢰인 편에 서서 '정식재판'을 청구한 다음 현장을 확인하였다. 가보니까 마침 도로가 약간 내리막이었다. 물 주전자를 준비하게 하고 물을 따르니 앞쪽으로 물이 흘러 내려갔다. 이를 사진과 동영상으로 찍어서 법원에 제출하고 현장검증을 요청하였다.

"잠을 자는 도중 자신도 모르게 기어를 뺐다가 파킹으로 놓는 습관이 있고 변속 기어를 조작하면서 도로 경사면을 따라 30cm정도는 충분히 흘러 내릴수 있다"고 주장하고 실제 동작을 해보니까 차량이 조금 움직이게 되는 현상이 확인되었다.(당시 겨울철이라 히터를 가동하느라고 시동을 켜둔 상태였음) 그랬더니 재판장이 "운전할 의도가 없었다"고 판단 된다며 무죄를 선고하였다. 의뢰인은 내 덕분에 벌금 700만 원도 안내게 되었고 1년간 면허취소 처분도 없어지게 되었다.

그 밖에도 며칠 전 구속 영장실질 심사재판에서 "의뢰인이 3주 전에 심장 수술을 했는데, '구속되어 스트레스를 받을 경우 심정지로 사망할 수도 있다.' 는 의사의 소견이 있다."라고 변론을 하면서 진단서를 판사에게 제시하고 "범죄는 중하나 모두 시인하고 있으므로 증거인멸 우려가 없고, 건강이 극도로 악화된 상태여서 도주 우려도 전혀 없으며, 당장 구속 수감할 경우 스트레스를 받아 즉시 사망할 위험성이 크다", "따라서 일단 불구속 상태로 수사와 재판을 받으면서 병원 치료를 받은 다음, 재판 종결시 벌을 내려도 늦지 않다"고 간곡히 변론을 하였더니 엄청나게 중한 범죄(실형 3년 정도 예상)임에도 그날 밤 늦게 석방시키는 결정을 받아냈다.

한쪽 편에 서서 열심히 하는 직업병 때문에 의뢰인 한테는 '고맙다'는 말을 듣는데 슬며시 걱정도 된다.

인생살이가 힘들 때에는

인생살이는 본래 힘든 것이다.
고독하고 슬프고 외로운 것이다.
모든 것을 다 알고 있는 신처럼 살려고 하지 마라

과거에 얽매여 살지도 말고
미래를 걱정하며 미리 살지도 마라
그냥 결함과 약점이 가득한
인간의 마음으로 오늘을 살아 내자

힘들고 괴로울 때는
한없이 약해져 보자
버티려고 하지말고
고립되려고 하지도 말고
이겨 내려고 발버둥 치지도 말자

내가 힘들듯이 너도 힘들겠지
너나 나의 부족함이나 결점이 있어서 힘든 게 아니고
그저 인간이어서 품고 살아야 하는
원초적 무게일세

이렇게 정리를 해야만,
나 자신에게 친절해지고
타인에게도 상냥해 질 수 있다.
사람을 만나면 정성껏 잘해주되
그가 떠나면, 그를 원망하지 말고
'인연이 여기까지였구나'라고 생각하고
믿었던 사람이 배신을 하여도
그저 '인연이 다 하였나 보다'라고
훌훌 털고 넘어가는 게 좋다.

인생사가 고되다 느낄 때에는
인간으로 태어난 이상, 누구에게나 그런 것이라 여기고
'이 또한 지나 가리라 (This too stall pass away)'
되뇌이며
숨 한번 크게 쉬고
앞으로 앞으로 나아가 볼 일이다.

죽음의 공포에서 벗어나는 길

공포 중에서도 가장 지독한 것은 죽음의 공포일 것이다.
모든 동물은 태어난 이상 숙명적인 죽음이 기다리고 있다.
어느 누구도 죽음을 피할 수는 없다.
피할 수 없는 것이라면 죽음에 대한 생각을 바꾸어야 한다.

우리말 속에도 어른의 죽음을 "돌아가셨다"고 표현하고 있지 않는가? 이는 인간이 자연에서 왔으니 원래 있던 장소로 되돌아 갔다는 의미이다. 그냥 사라져 없어지는 것이 아니고 원래 있던 곳으로 돌아간 것이니 지나치게 슬퍼할 필요는 없다. 가까운 사람이나 반려동물을 떠나 보내면 상실의 아픔이 매우 크다.

소중한 것을 '잃었다'고 생각하면 마음속에 커다란 구멍이 뚫린 것 같은 공허함에서 벗어나기 어렵다. 그래서 "돌아갔다"고 생각하면 위안이 될 것이다. 남아 있는 우리 모두도 언젠가는 그곳으로 돌아갈 운명이니까!

3장 천국 같은 산중 생활

천국 같은 산중 생활

서울집에서 한 시간 거리에 있는 가평의 어느 높은 산의 중턱에 자그마한 땅을 마련하였다. 주말마다 가족들과 함께 달려가 주변을 가꾸었다. 올해도 예년처럼 상추·고추·들깨·토마토·가지·오이·참외 등을 심었다.

농약을 안 주다 보니 벌레들이 어느새 잎사귀에 구멍을 내곤 한다. 그래도 내가 직접 가꾸어 따 먹는 상추와 고추 맛이 너무 좋다. 식당에서는 내놓지 않는 작은 상추와 연하디 연한 고추를 입에 넣으면 감칠맛이 절로 난다.

마당에는 '여름철 100일 동안 꽃이 핀다'는 목백일홍(배롱나무)·앵두나무·왕보리수 등을 심었는데 몇 년 사이에 성큼 자라서 든든하기까지 하다. 울타리를 따라서는 하얀 꽃봉오리가 탐스러운 수국을 심고 군데군데 자두나무와 살구나무를 심었다. 지금 자두와 살구가 엄청나게 열려서 매일 같이 따 먹기도 바쁘다.

사람은 열 번 잘해주다가도 한 번 서운하게 되면 그동안 쌓아 온

친분이 하루아침에 물거품이 되기도 한다. 그러나 나무와 꽃들! 이 친구들은 불평·불만도 없고 정성 들여서 가꾼 만큼 늠름하고 아름다운 모습을 보여 준다. 웬만한 사람보다 나무와 꽃들이 더 좋다.

직업이 변호사인터라 골치 아픈 세상사와 온갖 고민거리를 잔뜩 짊어진 고객들을 만나서 온종일 메모해 가면서 상담하다 보면 어느새 내 마음도 우울해지고 스트레스는 쌓여만 간다.

나는 여기 산속에서 나무와 꽃을 가꾸면서 자연인처럼 지내는 시간이 너무나 행복하다. 여기가 천국이다.

한결 같이 대해 주는 나무와 꽃들

경기 가평에 조그만 땅을 구입한 후 가꾸어 온 지 10년을 넘어서고 있다. 마당엔 잔디를 깔고 자그마한 오두막을 마련하고 주말마다 찾아와서 정성으로 가꾸었다.

처음에는 과실이라도 따 먹을 욕심으로 자두나무·살구나무·복숭아·사과·배·매실나무·모과나무 심었다. 그다음 해에는 블루베리·아로니아·구찌뽕을 심었고, 그 이후에는 꽃의 여왕이라는 빠알간 색깔의 꽃을 피우는 모란을 심고 한약재로도 쓰이는 '작약'도 심었다.

키가 큰 꽃나무가 있으면 더 좋을 것 같은 생각에 담장을 타고 올라가는 능소화, 목련나무, 라일락을 심었다. 작고 아담한 꽃으로서는 영산홍·철쭉·진달래·나리꽃을 심고 하얀 꽃송이가 주렁주렁 풍성하게 매달리는 수국과 키가 크게 자라는 '유럽 수국'을 심었다.

마당 한가운데에는 마로니아와 향나무를 심어서 우뚝하게 잘

자라고 있다. 경계선 울타리에는 소나무·층층나무·편백나무·자작나무를 심고, 모서리마다 밤나무와 은행나무를 심었다.

사이사이 조그만 공간이라도 있을라치면 복자기단풍·행운목·자엽 안개나무·삼색버들·왕보리수·산수유를 심었다. 산속에 있다보니 자연 발생적으로 인근에서 씨앗이 날아와서 느티나무·뽕나무·산딸기·찔레나무 등이 정착하여 오디와 딸기가 넘쳐난다.

이제는 더 이상 나무를 심을만한 공간이 거의 없다. 그래도 매년 식목일이 있는 4월이 오면 나무 시장을 기웃거리다가 마음에 쏙 드는 것을 찾아내어 한두 그루를 사다가 심곤 한다. 3월부터 산수유 꽃이 피어나고 개나리·영산홍·철쭉이 뒤를 따르고 배꽃과 봉숭아 꽃이 피어나며 칠자화에 이어 가장 늦은 7월에 목백일(배롱나무)이 새빨간 꽃을 피운다.

인생 후반부에, 나무와 꽃들을 가꾸면서 항시 한결같이 웃어주는 그들과 대화하는 재미에 푹 빠져서 살고 있다. 행여 목이 마를까, 봄·여름에는 물을 듬뿍 뿌려주고, 옆에 있는 억센 나뭇가지에 치일까 봐서 가지치기를 해주어 햇볕을 잘 받도록 하고, 밑동에서부터 칭칭 감고 올라가서 숨통을 조이고 있는 넝쿨들을 잘라 주며 가끔씩 퇴비도 주곤 한다.

내 손길하나만 믿고 무럭무럭 자라고 있는 각종 나무들과 여러 꽃들을 보면서 '잘 크고 있네!, 듬직하구나!'하고 인사말을 건네다 보면 그동안에 쌓여 있던 스트레스가 한방에 '훅'하고 다 날아간다.

봄을 알아차리고 즐겨야 젊어진다

오늘날을 살고 있는 현대인은 바쁜 일상과 컴퓨터와 휴대폰에 빠져서 봄이 온 줄도 모른다. 현재를 즐길 여유가 없기 때문이리라. 마음과 생각이 과거와 미래에 주로 가 있기 때문인지도 모른다.

과거에만 지나치게 머물게 되면 우울증이 찾아오고 그렇다고, 미래에만 가 있으면 불안이 찾아오게 된다. 오늘의 현재가 쌓여서 인생이 되는 것인데, 지나치게 과거를 후회하고 미래를 걱정하게 되면 오늘의 행복을 느낄 수 없게 된다.

'봄(春)을 즐겨야 회춘(回春)한다.'

봄이 오기 시작하면 하루하루 햇살이 더 따스하게 느껴진다. 산속의 나무들이 연두색 연한 빛깔로 새잎을 틔운다. 산수유나 벚나무는 잎보다 먼저 꽃망울을 터트려 꽃잎으로 사방을 환하게 밝힌다. 이는 인간을 비롯한 모든 동물에게 '봄을 알아차리라'는 신호를 보내는 것인지도 모른다.

꿀벌은 즉시 알아차리고 열심히 꽃송이마다 방문하여 조금씩이라도 꿀을 모은다. 똑똑한 척하는 사람들 중에는 봄이 온 줄도 모르고 주구장창 일만 계속하는 부류가 많다.

봄!

얼른 알아차리고 꽃구경도 나가고, 봄나들이도 가고 당일치기 여행도 해야 한다. 하늘도 어제보다 더 파랗고 개나리·진달래도 활짝 피었네. 구경나온 사람들의 얼굴도 환해졌네! 하면서 봄을 온몸으로 느껴야 한다.

아름다운 꽃을 보고 화를 벌컥 내는 사람은 없다.
꽃밭에 들어가서 치고받고 싸우는 사람은 없다.

'얼굴은 마음의 창'이다.
봄을 온 마음으로 느낄 때 얼굴에도 봄이 찾아온다.
주름도 없어지고 젊고 건강해 보인다.
봄이 왔음을 재빨리 알아차리고,
즐길 줄 알아야만 젊음이 되살아난다.

봄이 왔음을 어떻게 알 수 있을까?
봄은 따스한 바람으로부터 온다.
봄은 연두색 나뭇잎으로부터 온다.

봄은 여인네 옷차림으로부터 온다.

(백화점에 가면 1월부터 봄옷으로 싹 바꾸어 놓고 있다. 여인들은 계절이 오기도 전에 미리 봄옷을 꺼내어 입고 다닌다.)

봄은 산수유·개나리·철쭉·목련 등 꽃으로부터 온다.

다 맞는 말이다.

그러나 진정한 봄은 내 마음으로부터 온다.

올해부터는

봄이 채 오기도 전부터 시작하여 여름이 올 때까지

봄을 10배로 즐겨야겠다.

마음과 얼굴도 온통 봄이 되도록!

연두색의 나뭇잎이 온몸 손짓을 하고 형형색색의 꽃들이 미소를 짓는 5월에는 푸른 잔디 마당으로 가까운 지인들을 초대하여 와인이나 막걸리를 한 잔씩 음미하면서 이런저런 이야기를 나누어야겠다. 가까운 사람을 기쁘게 하면 먼 곳에 있는 사람도 찾아오리라.

모든 생명체는
이웃과 함께 공존할 때 오래 살아 남을 수 있다

산수유가 가장 먼저 노란 꽃을 피우면서 봄을 알린다. 잎사귀는 하나도 돋아나지 않은 채 꽃망울만을 터트린다.

어디선가 꿀벌과 나비들이 날아온다.

꽃을 피우는 모든 식물은 벌이나 나비 같은 곤충들과 손잡고 생명을 영위한다. 곤충들 역시 식물이 주는 영양(꽃 속의 꿀이나 잎사귀 등)을 섭취하며 살아간다. 자연계의 식물과 동물은 서로 손잡지 않고 혼자서는 살아남을 수 없다. 오직 인간만이 우쭐대면서 다른 생물과의 공생을 거부하는 경우가 많다. 다른 생명체의 손길을 계속하여 뿌리치는 사람은 천수를 누리기는 어렵다.

계절이 바뀔 때마다 멋진 모습으로 열매를 맺는 제철 과일을 따먹고, 봄철에 새로 돋아나는 냉이와 쑥, 여름날의 토마토, 오이와 참외, 수박, 고추, 가지, 상추, 가을철의 배추, 무우, 양파, 당근, 땅콩 등

뿌리식물도 섭취하며, 산을 오르내리면서 오디, 산딸기, 머루, 다래 등 열매는 물론 약초도 캐서 가끔 먹고 개나 고양이 등 애완동물과도 친하게 지내며 주변 사람들과도 원만하게 교류하면서 스트레스 없이 생활하는 것이야말로 자연의 섭리에 따르는 것이며 무병장수하는 길일 것이다.

홀로 지내는 자유로움

나이 들어서는 상당한 시간을 혼자서 보내는 것도 바람직하다. 다른 사람과 함께 지내다 보면 아무리 좋은 사람도 이내 지루해지고 싫증이 날 수 있다.

고독만큼 마음이 잘 통하는 벗은 없다.
홀로 있을 때가 자유롭다.
다만, 외로움이 슬며시 찾아 들 뿐이다.

자유와 외로움 이 둘을 합하면 '자유로움'으로 승화된다.
자유로워 지고 싶은가?
그렇다면 홀로 지내는 시간을 많이 가져 보라.

홀로 먹거리를 찾아 이것저것 골라 보고
홀로 음식을 준비하고

혼자서 약간의 반주를 곁한 식사를 하노라면
그 과정속에 자유와 행복과 기쁨이 녹아든다.

배우자가 해주는 음식만을 계속하는 사람보다 직접 음식준비와 요리를 하는 편이 더 장수한다는 통계가 있다. 남편이 먼저 가도 홀로 남은 부인은 혼자 식사를 준비하면서 오래도록 산다. 부인이 먼저 간 경우 남편 혼자서는 정신적 허전함과 식사도 제대로 못 챙겨 먹는 탓에 몇 년 만에 세상을 하직하게 되는 경우가 많다.

정이 없는 70이 넘은 부부가 계속 함께 살면 '적막 강산'
그 중 할매가 먼저 가게 되면 '막막 강산'
그 중 할배가 먼저 가면 '금수 강산'이란 말이 있다.

노년기에 할배 혼자 남아서는 음식 준비를 비롯하여 할 수 있는 것이 아무것도 없어서 살아가는 것이 막막할 뿐이다. 그러나 할매 혼자 남은 경우에는 때마다 할배 식사 준비할 일이 없어졌으니 여기저기 놀러도 다닐 수 있고, 사는 것이 금수강산이 된다는 뜻일 게다.

가는 세월과 산수유

'인생은 나그네길 ! 어디서 왔다가 어디로 가는가'를 부르던 신사 가수 최희준은 그의 노랫말처럼 빈손으로 떠나갔다

영원한 가수 배호는 마지막 잎새를 노래하고 떠났고, 차중락은 낙엽 따라 가 버린 사랑을 부르고 낙엽처럼 가 버렸고, 여가수 현미는 떠날 때는 말없이를 외치고 떠나 버렸고, 트로트 황제 현철도 청춘을 돌려다오를 외쳤으나 되돌려 받지 못하였으며, 최근 송대관도 차표 한 장 손에 들고 돌아오는 표는 구하지 못한 채 갑작스럽게 떠나 버렸다.

유별나게 추웠던 겨울이었지만 어느새 봄은 따스한 햇볕을 앞세우고 다가오고 있다. 집 앞에 있는 산수유는 벌써 꽃망울에 물이 살짝 올라 있다.

노오란 꽃이 환하게 먼저 피고 난 다음에 파아란 잎새가 돋아 나오는 특이한 식물이다. 봄을 가장 먼저 알리는 나무 중 하나이다.

세월이 흘러도 산수유꽃은 다시 피건만, 인간은 100년도 다 살기가 어렵다. 하루하루를 후회 없이 즐겁고 행복하게 살아갈 일이다.

4장 타인이 바로 지옥일 수 있다

타인이 바로 지옥일 수 있다

자신이 필요할 때만 연락을 하는 사람.

사람이 부족할 때 나를 위해 주는 척 말하면서 불러 젖히는 사람.

어쩌다 한 번씩 과일이나 농산물 등 먹거리를 보내주긴 하는데

그러다가 믿음이 쌓일만할 때 쯤 상당한 돈을 빌려 달라고 하는 사람.

'약속 꼭 지키겠다'고 하면서 거절하기 어려운 금액(30~50만원)을 빌려달라고 하는 사람. 그것도 "2~3일만 급히 쓰고 즉시 주겠다", "나는 약속 지키는 사람이다"라고 한다.

변호사 일을 하고 있는 나도 속는다. 큰 돈, 적은 돈을 온라인으로 송금 해주었더니 수년 째 연락도 없다.

주변 사람이 나를 힘들게 할 때가 많다. 우리는 늘 사람 속에서 살고 있다. 그러나 사람에 치이고 이용당하는 것만큼 고달픈 일도 없다. 사람에 시달리지 않도록 할 일이다.

타인이 바로 지옥일 수 있다.

사람 지옥을 면하려면 자신만의 고요한 시간을 가져야 한다.

일상을 멈추고 가끔 무엇이 중요한지를 생각해 보아야 한다.

너무 분주한 사람은 큰일을 해낼 수 없다.

늘 바쁜 사람은 쫓기듯 일처리를 할 수 밖에 없다.

심호흡을 하고 멀리 내다볼 줄 알아야 한다.

주변 사람들에 의하여 내 삶 자체가 지옥이 되지 않도록 해야한다.

전화 통화만 하여도 위로가 되고 10분을 만나도 배울점이 많은 그런 사람과 교제하고 싶다.

타인이 지옥이고 내가 천당인지도 모른다.

타인 중에서 천사 같은 사람을 찾아 봐야겠다.

그런 사람과 자주 만나서 서로 돕고 베풀면서 인생을 즐기고 싶다.

모든 일에는 진심이 담겨야

진수성찬으로 차린 차례상 앞에서
고성으로 싸우는 형제자매도 많고
호화롭게 꾸민 묘지 앞에서
크게 다투는 가족도 많다.

호사스런 식당에서 회동하여 만찬을 즐기고 나서
서로간의 다툼으로 모임이 깨지는 경우도 많다
화려한 결혼식을 치른 후
몇달만에 이혼하는 부부도 적지 않다

이들은 모두 형식만 사치스럽게 갖추었을뿐
진심이 담긴 예의근본을 실천하지 못했기 때문이다.
나이 든 부모님을 '최고 시설'의 요양 병원에 모신 것만으로
예를 다한 효행으로 여겨서는 안 될 일이다.

해보고 후회하는 편이 낫다

인생을 살아보니
"할까 말까 망설여질 때는 해보고 후회하더라도 하지 않고 아쉬워 하는 것 보다 낫다"

인생을 살아보니
한 우물을 파는 것이 더 나은 것 같기는 하다.
그래야 높이 올라가고 나중에는 존경도 받게 되더라

회사에서나 공직에서나
약간 모자란 듯한 지방출신이
끝까지 참고 견뎌내다 보면
높은 자리에까지 올라가더라
은근과 끈기를 가지고 끝까지 최선을 다하면
마침내 영광이 찾아오는 법이다.

싫은 이유, 좋은 이유

싫은 것에는 오만가지 이유가 있지만,
좋은 것에는 딱히 이유가 없다.

'좋은 걸 어떡해
그냥 네가 좋아
이유도 없이 좋아'라는 노랫말도
있지 않은가!

처음 대하는 사람을 보고
좋다/싫다로 규정할 때까지
1분 이내가 걸린다고 한다.

그만큼 첫인상이 중요하다는 뜻이다
인상과 웃는 모습도 좋겠지만

변하지 않는 것은 말투이다.

말하는 모습과 표정이 좋아야 한다.
그래야 첫인상부터 호감을 느낄 것이다.

생동감 넘치는 얼굴에
진실성 있는 언행을 하는 사람을
싫어할 상대방은 없다.

실수를 하였을 땐 곧바로 사과를

우리는 살아가면서
많은 실수를 한다

말을 잘못할 때가 있다
행동을 잘못할 때도 있다

선택을 잘못할 때도 많다
판단을 잘못할 때도 있다

말과 행동까지 모두 잘못할 때도 있다
그야말로 크게 실수할 때도 있다
그러나 실수 직후
제때에 사과하고 수습하면
큰 문제가 안 되고 넘어가기도 한다

실수, 큰 실수를 하고도
잘못한게 없다고 버틸 때 큰 문제가 발생한다
똥도 방안에 싸면 큰 문제가 되지만
밭으로 가져가면 거름이 된다

실수!
일체 안하고 살면 더 없이 좋으련만
인간이기에 크고 작은 잘못을 할 수 있다
그러나 그때 그때 잘 처리하면
똥을 밭으로 가져간 것과 같다

크고 작은 실수와 허물이 반복되어도
뒷 처리만 잘하게 되면
비 온 뒤에 땅이 굳어 지듯이
더욱 야물어진 사람이 되리라

반드시 일거리가 있어야

젊은이나 퇴직한 노인이나 반드시 일거리가 있어야 한다. 집을 나가서 밖에서 하는 일이어야 한다. 집안에만 틀어박혀 있게 되면 부부지간도 부자지간도 모녀지간도 다툼이 날 수밖에 없다.

국가나 사람이나 바짝 붙어 있으면 사이가 좋지 않다. 이스라엘과 팔레스타인, 남한과 북한이 툭하면 충돌하고 서로를 비난하고 있지 않는가!

부부나 자식 사이에도 온종일 붙어 있으면 말다툼이 있기 마련이다. 특히 정년퇴직 이후에는 일거리가 있어야 한다. 조그만 이동식 주택이라도 가져다 놓고 텃밭을 가꾸고 잔디를 관리하고 나무라도 돌보는 일이 있어야 한다.

과거에는 오래 살더라도 자녀, 손주들과 한집에서 살다 보니 우울할 틈이 없었다. 장수사회가 되면서 혼자 있는 시간이 많아진다. 일거리가 있으면 고독이 비집고 들어오지 못한다. 어떤 직장을 나가거나 텃밭으로 나가게 되면 가족하고도 떨어져 있는 시간이 늘어나게 되어 싸울 일이 없고 저녁에 집에 들어오면 그저 반가울 뿐이다.

직장을 구하기 힘들다면 목공 같은 일도 좋다. 나무를 자르고 다듬어서 무언가를 만들다 보면 목표에 집중하게 되어 슬며시 찾아오는 고독이 나를 정복하지 못하게 한다.

노후의 일거리는 낮시간에 서로 떨어져 있게 하여 부부 사이를 좋게 하고 조그만 소득이라도 있는 경우에는 가족 모두에게도 화목을 선사하며, 나 자신에게는 고독이 스며들지 못하게 한다.

5장 인생은 선택이요 우연이다

인생은 선택의 연속인 동시에 우연의 연속이다

중·고등학교의 선택, 축구·농구·배구·테니스·골프 등의 운동선수로 나갈 것인가의 선택, 대학의 선택, 전공과목의 선택, 해외유학의 선택, 직업의 선택, 배우자의 선택 등 인생은 선택의 연속이다.

그 후에도 다니던 직장을 그만둘 것인가의 선택, 또는 어떤 새로운 직업을 가질 것인가의 선택, 아플 때 어느 병원을 갈 것인가 등 외롭고 고독한 선택은 계속 이어진다.

인생을 살아 가노라면 우연이 개입되는 경우도 많다. 우연히 찾아온 사건이 삶을 완전히 바꾸어 놓기도 한다. 우리는 삶이라는 여정에서 선택과 우연에 의하여 큰 변화를 겪는 순간이 오게 된다.

우연으로 나타나서 엄청난 변화를 주는 것으로는 어느날 내 삶에 갑자기 나타난 누군가 일 수도 있고, 소중한 사람과의 예기치 않은 작별일 수도 있으며, 뜻밖의 큰 사고일 수도 있다.

우연이 행운으로 찾아와 새로운 행복을 선사할 수도 있고, 우연이 불운으로 찾아와 삶을 뒤 흔들어 놓을 때도 있다. 한 치 앞을 예측할 수 없는, 삶이라는 거친 항해에서 교통사고나 항공기 사고 등 우연이 잔인함까지 드러낼 때에도 우리는 무너져서는 안 된다. 우리가 할 일은 최선을 다하여 하루하루를 살아내는 것이며 불운에 맞서 이겨내는 것이다.

살아 가면서 좋은 선택(Good Choice)을 여러번 계속하고, 불운이 닥쳐 올 때는 슬기롭게 대처하여 피해를 최소화하도록 하며, 어쩌다 행운이 미소를 지으며 찾아올 때는 얼른 알아 차리고 이를 행복으로 승화 시켜야 한다.

"거친 파도가 훌륭한 선장을 만든다"는 말처럼 불운이 찾아왔을 때 이를 지혜롭게 극복하는 일이야 말로 인생에서 가장 중요한 일일지도 모른다.

인간관계에도 유통기한이 있다

30~40대 직장인에게 가장 힘든 일이 무엇인가?

물으면, 대다수가 "인간관계에서 발생하는 다양한 갈등을 어떻게 해결할 것인가?"라고 답할 것이다. 그만큼 세상을 살아가면서 사람과 사람의 관계가 중요한 문제이다. 처음에는 좋은 느낌으로 만남을 시작했어도 해를 거듭할수록 마음속에 상처를 주고 내 험담까지 하고 다닌다면 '인간관계의 유통기한'이 끝난 것이다.

그러나 우리는 보통, 계속하여 만남을 지속하면서 그 사람을 고쳐 나가려고 한다. 또는 내가 그에게 맞추어 주려고 한다.

자식이 부모의 성품을 바꿀 수 없고 부인이 남편의 성격을 바꿀 수 없다. 하물며, 사회에서 만난 제3자의 인성까지 내 마음에 들도록 바꾸어 주는 것은 불가능한 일이다.

상대방의 성격을 바꾸려고 노력하는 시간에 이별을 고하고, 새로운 사람을 만나야 한다. 영어로 표현하자면 대충 이럴 것이다.

" You cannot change the people around you", But, You can change people! "즉 "주위 사람의 본성(the nature)을 바꿀 수는 없다. 그러나, "사람 자체를 바꿀 수는 있다"는 뜻이다.

그러나, 시작할 때 보다 끝낼 때가 더 중요하다. 더 조심하고 배려하면서 작별을 알려야 한다. 헤어지지만 그 사람과 좋았던 일들만을 기억하고. 미워할 이유는 없다. 따라서 언제든지 다시 만날 것처럼 헤어져야 한다.

필자는 행정부처와 수사기관에 15년여간 근무를 하고 변호사 일을 30년 넘게 하고 있다. 형사고소장을 의뢰하는 사람을 보면, 그 동안 잘 알고 지내던 사람을 고소하는 경우가 대부분이다. 오랫동안 알고 지내면서 서로 알게 된 비밀들이 많고 이는 그동안 끈끈한 인간관계를 유지하는 데 도움이 되었지만, 헤어질 때는 상대방의 약점을 공격하는 무기가 된다.

인간은 생존본능 때문에 위협적인 상황을 오래 기억하였다가, 비슷한 상황 발생 시 종전의 기억을 되살려 재빨리 대처할 수 있도록 진화했다. 오랫동안 알고 지내던 사람이 갑자기 공격을 하거나, 욕설이나 막말을 하여 상처를 받으면 강렬하게 오랫동안 기억하게 된다.

좋은 기억보다는 '위협적이고 나쁜 기억'을 훨씬 더 오래 기억하는 것이다. 열 번 잘해 주어도 한번 섭섭한 것을 오래 기억하는 것이 사람이다.

헤어짐은 언제나 발생하는 것이다. "아니다"싶은 사람과는 의도적으로 헤어져야 한다. 나를 보호하기 위해서라도 "아니다" 싶은 사람과 엮이지 않도록 하여야 한다. 만약 처음에는 배려하는 척 잘해 주어서 교제를 시작하였는데 '이건 절대 아니다.' 싶은 점이 여러 번 발견되면 즉시, 상대방이 눈치채지 못하도록 인간관계를 단절시키는 편이 좋다

일체 먼저 연락을 하지 않고 오는 연락만 받아주다가 점차 문자로만 간략히 답해 주며, 6개월쯤부터는 문자나 카톡을 열어 볼 필요도 없다. "아니다" 싶은 사람의 본성을 바꾸려고 노력하는 시간에 차라리 멀리하고, 새로운 사람을 선택하여야 한다.

우리는 왜 계약서를 쓰는 것인가

건축 공사를 맡기거나, 집을 사고 팔 때 등에 왜 서면 계약서를 쓰는 것인가?

이는 시작할 때와 달리 사람 마음이 변할 수 있고, 주변 환경이 달라질 수 있기 때문이다. 건축 공사나 집수리 공사 등에 있어서 계약서를 상세하게 작성했음에도 불구하고 큰 분쟁이 생겨서 공사가 중단되곤 한다.

업자 측에서는 계약서에 명시된 바 없는 추가 공사라면서 '돈을 더 달라'고 주장하고, 건축주나 집주인 입장에서는 "전체공사를 맡겨서 계약을 한 것이므로 모두 포함되어 있는 것이다. 추가 비용은 있을 수 없다"고 항변한다. 그리하여 계약서 작성을 전문가인 변호사에게 사전에 맡기는 경우도 많다.

전문가 입장에서는 극히 상세하게 세부적으로 항목을 구분하여 작성하고 자재가 외국산인지, 국산인지, 중국산인지 등까지 구분하여 기재하도록 하고, "추가공사비는 요구하지 아니한다. 다만, 부득

이한 경우에는 건축주의 서면 승인을 받아야 한다"는 등의 문구까지 명시하도록 한다.

그래도 분쟁이 발생할 때가 있다.

"자잿값이 인상되어서 당초 계약대금으로는 더 이상 공사를 진행할 수 없다"면서 현장에서 철수하기까지 한다. 이러한 꼴을 안 보기 위해서는 건축주가 직영으로 그때그때 공사비를 지급하면서 공사를 하는 방법이 최선이다. 총공사비를 정하고 전체를 맡겼다가는 '추가 공사대금 요구'에 견디지 못하고 몇 번 거절하게 되면 결국에는 엉터리 부실 공사가 되고 만다.

집 짓다가 "집주인이 죽어 나간다"는 속담이 있을 정도이다.

하루하루 심심하지 않도록

사람이란
괴로워도 안 되고
외로워도 안 되며
지겨워도 안 된다.

외로움은 주변 사람들이 차츰 사라지기 때문이요
지루함은 살아가는 목표가 없기 때문이다
인간은 심심하면 괴롭다.
심심하지 않도록 뭔가를 끊임없이 추구한다면 살맛이 나게 된다.

나이가 들어도 탁구·배드민턴 등 새로운 운동을 시작하고, 컴퓨터를 배우고 정원을 가꾸고 꽃과 나무를 심고 목공도 배우며 호기심과 열정 속에서 살아간다면 몸과 마음이 모두 젊어진다.

인생 절정과 그 후의 삶

어떤 직업이나 직장을 선택하였으면 10년 이상 한 우물을 파는 게 좋다. 그래야 그 분야의 전문가가 되어 승승장구할 수 있다. 정점에 오르면 과감히 내려올 줄도 알아야 한다. 그 이후로는 새로운 인생을 열심히 시작할 필요가 있다.

높은 산도 정상에 오르면 잠시 후에는 하산하여야 한다. 경치가 좋다고 무작정 지체하다가는 차가운 공기에 땀이 식으면서 감기몸살이 올 수도 있고 하산 도중에 날씨가 어두워지면서 고립되거나 조난을 당할 수도 있다. 하고 싶었던 일이 있으면 새로이 시작하고, 요리나 스포츠, 여행 등 취미활동도 마음껏 하도록 한다. 1년 후에 죽는다 하더라도 후회가 없을 정도로….

심지(心志) 깊은 사람

생각이 깊고 마음이 굳은 사람은 보통 사람들이 마구잡이로 말을 하거나 따지고 달려들어도 크게 흔들림 없이 평정심을 유지한다. 즉, 심지(心志)가 굳고 강하면 웬만한 시련의 바람이 불어닥쳐도 그 뜻이 흐려지지 않는다. 그러나 마음이 나약한 사람은 뿌리 깊지 못한 나무와 같아서 불어 닥치는 바람에 휩쓸려 쉽게 꺾이고 만다.

얕은 강물은 미풍만 불어도 잔물결이 일고 강풍이 불면 거친 물결이 요동친다. 반면에 수심이 깊은 강은 돌을 던져도 흐려지지 않고 폭풍이 불어 닥쳐도 유유히 흘러간다.

우리의 삶에도 예기치 못한 돌풍을 만날 수 있다. 평소 자기 단련을 통하여 깊은 '지혜의 수심'을 유지한다면 별다른 흔들림 없이 모든 시련을 극복할 수 있을 것이다.

6장 나 자신부터 바뀌어야 한다

나 자신부터 바뀌어야

나 자신부터 착하고 성실하여야만 좋은 사람들이 주변에 모이게 된다. 오랜 세월 선하게 지내다 보면 선한 자는 자연히 가깝게 되고, 악한 자는 저절로 멀어지게 된다. 세상을 원망하고 남을 탓하기 쉽지만 먼저 나를 돌아보고 나 자신부터 바뀌는 것이 답이다.

나부터 착하고 성실하며 정의로우면 주변에 좋은 이웃이 많아지게 되어 인생살이도 재미가 쏠쏠하게 된다.

남을 바꾸려고 할게 아니라 내가 먼저 바뀌면 된다.

생각하는 것을 다 말해서는 안 된다

생각나는 대로 모두 말해서는 안 된다.

듣는 사람에게 큰 상처를 줄 수 있기 때문이다.

내가 하는 말이 상대방과의 관계를 우호적으로 만들 수도 있고 적대적으로 만들 수도 있다.

우호적 관계로 이어 갈 수 없는 말이라면 침묵을 선택하는 게 낫다. 현명한 사람은 머리가 생각하는 대로 곧바로 내뱉지 않는다. 생각과 말 사이에 틈을 두어야 한다.

그 틈속에서 해서는 안될 말을 가려 내야 한다.

운전중 도로에 담배꽁초 절대 못 버리도록 해야

담배를 피우는 운전자들이 왼손에 담배를 들고 피우면서 차창 밖으로 담뱃재를 툭툭 털고 나중에는 불붙은 채로 도로에 내동댕이치는 것을 자주 목격하곤 한다. 당장 절대 금지 시켜야 할 일이다. 자기 집 정원은 깨끗하게 쓸고 담배꽁초 한 개도 버리지 않으면서 도로에 불붙은 채 남은 꽁초를 휙 던져 버리고, 도보 이동 중에도 담배를 피우다가 땅바닥에 던지고 발로 살짝 비비는 게 전부이다. 불이 붙은 채로 버려진 담배꽁초가 바람에 날려 근처 잔디나 산속 가랑잎에라도 닿으면 즉시 큰 화재가 발생할 수 있는 위험천만한 일이다. 과태료를 대폭 강화하여 일시에 근절시켜야 마땅하다.

미국의 어느 주에서 경찰차가 불덩이 꽁초를 버리는 운전자를 추격하여 정지시킨 다음 재떨이를 확인하고 범칙금 부과하는 모습을 TV에 공개한 것을 본 적이 있다.

경찰 확인 결과 담배 1갑이 뜯겨져 있고 그 안에 10개비가 남아 있었으며 재떨이에는 담배꽁초가 하나도 없었다. 그렇다면 나머지 10개를 피우고 도로에 던진 것으로 간주하고 1개비당 30달러씩 300달러에다가 마지막 버린 것은 불이 붙어 있는 채였으므로 추가로 30달러를 부과하여 합계 330달러(한화 약 40만 원)의 범칙금을 부과시킨 것으로 기억하고 있다.

우리나라에서도 당장 그렇게 해야 한다. 그래야 누구나 사용하는 공공의 도로상에 불붙는 담배꽁초를 사정없이 버리는 사람이 일체 없어지게 될 것이다.

미국은 주차위반도 주마다 금액은 다르지만, 예컨대 승용차의 주차위반이 100$일 경우, 대형차(봉고차, 화물차 등)이면 "Over Size"라고 100$ 스티커를 추가로 부과한다.

소화전 근처에 세웠을 경우에도 일반 주차위반 딱지와 소화전 근처 위반 딱지 1장을 추가하여 2장을 부과한다. 대형차일 경우 over-sized car 딱지 1장을 또다시 추가한다. 우리나라도 당장 이렇게 시행하여야 합리적이며 선진국 문화 수준에 걸맞게 될 것이다.

자동차 번호판에도 영어를 추가를 할 때가 되었다

한글학회의 주장이 강하여 우리말이 자동차 번호판 가운데에 꼭 들어가고 있다고 한다. 외국인이 한국에서 교통사고를 당하였고 가해 차량이 뺑소니를 쳤을 경우 가운데 한 글자를 기억하지 못하여 차량 수십 대를 모두 확인하여야만 범인을 확인할 수 있다. 따라서 국제화 시대에 걸맞게 알파벳 영어 2~3자를 추가하면 보기에도 좋고, 외국인도 쉽게 확인하고 메모까지 할 수 있어서 좋은 일이다.

지금의 123가4567 에서 123AB4567 또는 123ABC4567 로 바꾸면 아주 좋을 것 같다. 반대론자가 있다면, 3년 정도 시행하다가 "ABC를 가흐호등으로 다시 원위치할까요?"라고 반문하면 "ABC가 이렇게 쉽고 간편한데 발음하기도 어려운 한글로 다시 돌아갈 필요는 전혀 없다"는 대답이 돌아올 것이다.

이미 중국은 차량 번호판에 영어를 추가하여 대도시부터 A, B, C순으로 표기하고 있다. 이집트를 여행한 적이 있는데 자동차 번호판을 보니 1, 2 대신 ٢ ٣ 라고 이집트 상형문자를 현재까지 사용하고 있다. 전 세계가 공통으로 사용하고 있는 아라비아 숫자(1, 2, 3, 4, 5, 6, 7, 8, 9, 0)를 배척하고 전통적인 상형문자를 고집하고 있는 것이다.

이집트 위정자들의 위선과 고집 센 국민성을 보는 것 같았으며 지금까지도 기분이 나쁘다. 이집트 여행 중 교통사고라도 당한다면 번호판 숫자 중 한자도 기억할 수 없게 될 터이다.

긍정의 마인드

누군가의 눈에 쏙 들긴 어려워도
눈 밖에 나기는 한 순간이다.
귀가 얇은 사람은 그 입도 가랑잎처럼 가볍고
귀가 두툼한 사람은 입도 바위처럼 묵직하다.

밉게 보면 모든 풀이 잡초로 보이고
곱게 보면 모든 사람이 꽃처럼 예뻐 보인다.

겸손과 칭찬은 모든 사람을 가깝게 하고
너그러움과 깊은 정은 사람을 감동하게 한다.

'내가 조금 더 희생한다'라고 생각하고
긍정적인 마음으로 사람을 대할 일이다
그래야 얼굴 표정도 좋아지고

만나는 사람도 친근감을 느끼지 않겠는가!

어제는 이미 끝나 버렸고
내일은 아직 멀었으니
오늘을 즐겨야 한다.

과거를 후회하고
미래를 걱정하느라고
현재를 우울하게 보내서는
평생토록 행복은 없다.

요즘 젊은 세대들의 기피 경향

요즘 젊은 세대, MZ세대들은
연애도 하지 않으려 하고
결혼도 기피하고
직장도 갖지 않으려 한다.

나이 들어도 혼자 지내면서
따로 나가서 기거하는 경우가 많다.
연애와 결혼을 기피 하는 이유는
내가 번 돈을 다른 사람과 함께 쓰는 게 싫어서 일 게다

결혼한 젊은 부부가 마트에서 생필품을 카트에 가득 담은 후
계산대에 와서는 각자 신용 카드 1장씩을 건네주면서
"반반씩 계산 해주세요" 한다.

맞벌이를 하게 되면서
특히 여성이 직장을 갖게 되면서
모든 게 달라졌다.
여성 주부의 목소리가 더 커졌다
경제력이 있기 때문이다
예전 전업 주부들은
이혼할 경우 생계가 막막하였다.

자유 경쟁인 모든 부처의 공무원 채용과정에서 여성 합격자가 훨씬 더 많아졌다. 2025년 9월 25일 신규 임명된 법관 153명 중 여성이 81명(52.9%), 남성이 72명(47.1%)으로 여성이 더 많다. 남자들은 군대도 가야하고 친구들과 술을 마실 기회도 많은 반면에 여성들은 상대적으로 술·담배·게임 등에 빠지는 경우가 적어서 각종 채용시험에서 좀 더 유리한 위치에 있다.

젊은이들의 '무 선택'…. 시급히 고쳐져야 한다.
연애도, 직장도 좋은 선택을 계속하여야 할 일이다.

인생은 선택이다.
크고 작은 선택의 연속이다.
용기 있는 선택이 절실한 때이다.
여러분은 어떠한가?

분명히 선택하여 어느 길로 갔어야 할 때에
주저 주저하고 있지는 아니한가?

여러분의 자녀는 어떠한가?
이성 친구도 만나려 하지 않고
컴퓨터 앞에만 앉아 있지 않는가?

우리 모두
살펴볼 일이다.

직장을 자주 바꾸는 Z세대

요즘 신세대(Z세대, MZ세대라고도 한다)들은 회사를 자주 옮겨 다닌다. 종전 세대와는 직장을 대하는 태도가 크게 다르다

다니는 회사가

① 내 미래의 꿈을 실현할 수 있는지,

② 일상생활에 만족감을 느끼게 하는지

③ 수행 중인 직무에 만족하는지

④ 전공과의 일치 정도는 어떠한지 중 어느 한 가지만 낮아도 그 직장에 회의를 느낀다. 이들은 자신의 방식대로 삶을 살아가고, 고용주에 의존하거나 회사에 안주하여 누릴 수 있는 안전장치에서 벗어나려고 한다.

인재를 키우고 붙잡아야 하는 기업으로선 큰 고민이다. 내가 공직에 있을때 국내 굴지의 회사 임원들을 만난 적이 있다.

"공직사회에서는 인사철마다 온갖 청탁과 배경 동원이 난무한다. 인사 발령이 나고 보면 평소 로비 잘하는 사람들이 한결같이 좋은 보직으로 발표가 되더라"

그 말을 들은 대기업 임원들은 "저희 들은 인사청탁을 하거나 배경을 동원하는 직원이 발각되면 그 즉시 인사 불이익을 준다."고 하였다. 깜짝 놀라서 "아니 어떻게 그렇게 조치하느냐?"고 물으니 "인사청탁을 받아주면 회사가 망합니다. 아부하고 로비하는 사람에게 좋은 보직을 주고 승진시키면 인재가 나갑니다."였다.

맞는 말이다. 일을 열심히 하고 잘하는 사람은 아부할 이유가 없다. 그러니 엄한 사람이 승진하여 자기의 상사로 온다면 즉시 사표를 낼 것이기 때문이다. 역시 회사는 영업이익을 내야만 존재하기 때문에 인사관리가 정확하였다. 그러나 공무원 사회는 주인이 따로 없기 때문에 아부하거나 뇌물을 바치거나, 배경을 동원하는 사람이 득세를 하고 있었다.

공무원 후배들에게 물어보니 요즈음에도 그렇단다. 그래야만 원하는 자리를 갈 수 있단다. 나 역시 희망지 조사도 없이 아무 곳으로나 인사 발령을 내는 현실 앞에서

"인재를 알아주지 않는 조직에서 더 이상 못견디겠다."고 쓴소리하고 사표를 던지고 나와 버렸다.

그러나, 아무리 Z세대라 하더라도 좀 더 참고 견뎌낼 일이다. 회사는 공직보다는 인재를 알아주고 키워주는 존재이기 때문이다. '열

심히 하는 사람' 못 당하고 '오래 근무하는 질긴 사람'이 최종 승리를 한다. 상사가 알아주던 그렇지 않던 열심히 일하고, 끝까지 견뎌내는 사람이 임원이 되고 사장까지 된다.

당신은 어떠한가?
끝까지 견뎌볼 생각인가?
중간에 때려치울까 고민 중인가?

특히 Z세대(1990년 후반 ~ 2000년대 초반 출생)는 특유의 단결력으로 부정·부패에 항거하는 데에도 앞장을 서고 있다. 인터넷·스마트폰·SNS 환경에서 성장한 젊은이들로서 특정한 리더를 두지 않고 SNS를 통하여 소통하면서 자신들의 의사 표현을 위한 시위에도 열정적이다. 이들은 최근 부패한 네팔 정권을 붕괴시켰고, 이들의 시위주도로 동티모르·방글라데시·인도네시아·모로코·파라과이 등에서 개혁 정책을 요구하고 있다. 이들의 단결된 시위와 요구는 여러 나라에서 정부 정책의 큰 변화를 이끌어 내고 있다.

※ 세대별 구분과 특징

구분	출생 연도	특징
베이비붐	1955~1960년대	한국전쟁 후 세대, 4·19혁명(민주주의)과 5·16 쿠데타(독재체제) 경험 고도성장의 주축 세력이자 그 혜택을 누림 부모와 가족 부양 등의 전통적 가치와 산업화에 따른 근대적 가치가 혼재함
X세대	1970~1980년	1990년대에 젊은 시절을 보냄 아날로그와 디지털 소통 기기 모두 섭렵하며 글로벌화의 문을 연 세대 검열과 반공이데올로기에서 벗어남 외환위기로 취업 트라우마 경험
Y(M) 세대	1981~1995년	2000년대를 연 세대, 대학 진학률이 높음 SNS에 능숙하고 개성을 중시함 사회적 가치를 중시하고 위계질서에 거부감 있음 유년기에 외환위기, 2008년 글로벌 금융위기를 겪으며 부모세대의 실직을 목격함 3포·5포 용어등장
Z세대	1990년대 후반 ~ 2000년대 초반	X세대의 자녀 세대 태어나면서부터 디지털 접하며 '디지털 네이티브'로 지칭 다른 문화에 거부감이 없고 수용성 또한 높음 기성세대의 부정부패에 반감이 큼 '사회적 기준'이 아닌 '나만의 기준'을 세우고 추구함

※ 요즘 2030세대 (2000년대 전후 출생한 20대, 30대 젊은층)

2030세대는 경기침체와 불확실한 미래로 인하여 소비패턴이 남성은 고급 차량, 여성은 명품이나 고가의 화장품에 지갑을 열었으나, 최근에는 차나 명품 등의 큰 지출을 줄이고 건강·여가·만족감을 위한 소비를 늘리고 있다. 취미활동과 자기 계발에 돈을 아끼지 않는다. 수영이나 스키·골프 등 여가 활동을 즐기고 야구 등 스포츠 경기장·콘서트·뮤지컬을 자주 관람한다.

20대와 30대는 건강에도 관심이 크다. 단백질 위주의 음식을 선호하고 당제로(Sugar Zero) 음료를 마시는 등 살이 찌지 않도록 노력한다.

7장 노예처럼 사는 요즘 부모님들

문서 없는 '자발적 노비'가 된 요즘 부모들

고려와 조선시대에는 노비가 있었다. 임금이 상을 내릴 때 논밭과 함께 노비 여러 명을 함께 주었다. 당시에는 노비문서가 있었으나, 요즘에는 문서도 없이 자발적으로 노예처럼 살아가는 사람이 많다. 다름아닌 자식에게 노예가 된 부모들이다. 자식을 하나 내지 4~5명까지 낳아 놓고는 한결같이 자녀들의 노예가 되고 있다. 그것도 자발적 노예이다.

부모가 나서서 아기 때부터 '한글을 빨리 깨우치라'고 냉장고나 TV 등 집안 곳곳에 한글을 써 붙이고 어린 나이부터 유아원이나, 유치원에 보내는 것은 물론이고, 수업이 끝나면 그림학원, 웅변학원 등을 보낸다. 초등학교 들어가면 태권도학원, 피아노학원, 미술학원, 영어학원을 보내고, 중학교·고등학교 때는 보습학원, 입시학원을 앞다투어 보낸다.

학교 끝날 무렵에는 자동차로 태워서 학원으로, 도서관으로 데려다주고, 학원 끝나는 시간에, 또는 도서관 문 닫는 시간에 맞추어

차를 가지고 나가서 대기하다가 집으로 모시고 온다. 현대판 노예가 따로 없다. 이들이야말로 문서 없는 노비이다. 스스로 노예이기를 자처한 사람들이다.

하루에도 수십 번씩 카톡이나 문자를 주고받고 노심초사한다. 그렇게 한다고 자녀들이 나중에 효도하는 것도 아니다. 하루라도 빨리 '자식의 노예'에서 해방되어야 한다.

선진국 부모를 보라!

교육은 학교에 맡기고 있지 않은가?

선진국의 어머니들은 거의 모두가 직장이 있어서, 자녀 교육에 올인할 시간과 여유가 전혀 없다.

자녀들에게도 독립심을 길러 주고 스스로 판단하여 자신의 진로를 결정할 수 있도록 환경을 조성하여야 한다. 부모가, 특히 어머니가 자식의 노예 역할을 하지 말아야 자녀들이 올바르게 성장할 수 있게 된다. 그렇지 않으면 마마보이·마마걸이 될 수밖에 없다.

요즘 부모 자식 사이

아버님 날 낳으시고 어머님 날 기르시니
그 은혜가 태산보다 높고 큰데
청춘 남녀 많다지만 효자효부 안 보인다.

시집가는 새 색시가 시부모를 마다하고
장가가는 아들들은 살림나기 바쁘구나.

제 자식의 오줌·똥은 맨손으로 주무르나,
부모님의 기침·가래 불결하여 밥 못 먹네

과자 봉지 들고 와서 아이 손에 쥐어주나
부모 위해 고기 한근 사올 줄을 모른다.

애완 동물 병이 나면 동물병원 달려가고

늙은 부모 병이 나면 그러려니 태연하고
자식 위해 쓰는 돈은 아낌없이 쓰건 마는
부모 위해 쓰는 돈은 하나, 둘 씩 따져보네

자식들의 손을 잡고 외식도 잦건마는
늙은 부모 위해서는 외출 한번 없구나.

요즘 부모 자식 사이
이래서야 될 말인가?

대인 민감도

사무실에 변호사나 직원을 뽑을 때 면접은 통과하였으나, 몇 달 지내다 보면 점점 마음에 안 드는 사람이 있다. 대인 민감도가 떨어지는 사람이다.

자신의 행동과 말투가 상대방에게 어떻게 받아들여지는지 알아채지 못하는 사람들이다. 담당 변호사가 '법률 서면'을 써 오면 수정할 내용이 전혀 없이 논리정연하고 오탈자가 한 개도 보이지 않는 사람이 있는가 하면, 논리가 말이 안 되어 어디를 어떻게 고칠지 엄두가 안 나게 써 오는 변호사도 있다. 찢어버리고 다른 종이에 처음부터 새로이 써야만 할 정도이다.

어떤 사람은 띄어쓰기조차 안 되어 있는 데다가 일일이 띄어 주고 오탈자 고쳐 주다 보면 짜증이 난다. 두 번째, 세 번째 수정을 거쳐 완성해 온 문서도 마찬가지로 써서 책상 위에 올려놓는다.

적색 볼펜으로 여기저기 오탈자를 수정하여 반환하면서 "왜 이리 오탈자가 많은지?"라고 물어보면 "타자 치는 사람 눈에는 오탈자가 잘 안 보인다. 대표님이 좀 고쳐 달라"고 얼버무린다.

대기업에서도 업무 성과가 극히 저조한 사람은 "게으른 사람도 아니고 두뇌가 나쁜 사람도 아니다." 단지, '대인 민감도'가 떨어지는 사람일 뿐이다. 마주치는 상대방(동료나 상사, 부하 또는 외부고객 등) 으로부터 신뢰도가 떨어지는 사람이다.

말을 더듬거리거나 외모가 비호감이거나, 심지어 어떤 장애가 있는 사람도 상대방에게 믿음을 준다면 회사 내부에서 평판이 좋고 승진도 하게 될 것이며, 외부에 나가서는 영업실적도 올리고 신규 계약도 성사시키고 A/S도 호평을 받게 된다.

대인 민감도!

이는 상대방이 나를 어떻게 보는지 그 사람의 입장에서 파악하고 상대방의 말투·몸짓·태도 등을 예민하게 알아차리고 그에 맞추어 신속하게 대응하는 능력이라고 할 수 있다. 대인 민감도를 높이려면 상대방의 말을 귀담아 경청할 줄 알고 신속하게 이해를 한 다음 그에 맞게 답변하는 등 지혜와 민첩성이 있어야 할 것이다.

우리들 법률상담도 의뢰인 입장에 서서 파악하고 형사고소인일 경우에는 "상대방이 진짜 나쁜 사람이네요. 혼내주어야 겠네요" 등 격려의 말을 하고 범죄인일 경우에는 "어쩌다 이런 일을 저지르게 되었나요?", "정상참작 사유는 무엇이 있을까요? 억울한 점은 무엇인가요?" 등을 간략한 언어로 물어보면 '아! 여기에다 사건을 맡겨야겠다'면서 '신뢰가 간다'고 말하고 선임약정까지 쉽게 하는 경우가 많다.

그 반대로 말을 하여, 형사고소하겠다는 의뢰인에게 "이것 가지고 범죄가 되겠어요? 증거가 부족하다"고 핀잔을 주고, 범죄혐의자에게는 "죄을 지었으면 벌을 받아야지! 피해자하고 합의 안 해오면 실형이 불가피하다"고 겁을 주게 되면 사건을 맡길 사람은 아무도 없게 된다.

막내 아들

큰아들과 외동딸하고도 어려서부터 스키를 가르쳐 주고 스노우보드·수상스키·웨이크보드 등 운동을 하면서 친구처럼 재미있게 지냈다.

어느덧 세월이 흘러서 장남은 회사 생활에 바쁜 중년의 나이가 되었고, 딸도 출가하여 한의원을 운영하고 있으니 함께할 시간이 많지 않게 되었다. 그러나 유독 막내하고는 함께 지내는 시간이 많다. 중학생 때부터 스노우보드를 가르쳐서 재미를 붙여 주었고, 서울과학고를 거쳐 미국 콜럼비아 대학으로 유학을 하는 동안에도 미국에서 함께 스노우보드를 타는 등 많은 시간을 같이 하였다.

일본 도야마 스키장에서도 함께 보드를 즐겼다. 꾸준히 노력하는 성격이 아빠를 닮았다고 느껴져서 최근에는 골프를 시작하였다. 코치레슨 일체 없이 직접 가르쳤는데 처음에는 100개 이상을 치더니 계속하여 내기를 걸고 재미를 붙이도록 하였더니 얼마 전에는 1 under 71타까지 치는 쾌거를 올렸다.

경기 가평에 조그만 땅을 구입한 이후부터는 원두막을 2개나 함께 지었고, 나무도 함께 심었고 잔디도 깎도록 하였다. 얼마 전에는 원두막 2개 중 노후된 것 1개를 철거하는 일도 함께하였다. 짓는 것보다 철거가 더 어렵다는 것을 몸소 체험하였다.

성격이 비슷하여 아빠를 믿고 잘 따라다닌다. 마당에 꽃을 심고 나무를 가꾸는 등 아빠가 하는 일이라면 항상 함께하면서 도와주곤 한다. 내가 술을 좋아하는 편이라서 이동을 할 때마다 운전을 항상 해 주었다.

골프도 우리 두 사람이 조인요청을 하여 전혀 모르는 사람들과 수백 번 라운딩을 하곤 하였다. 골프 운동 후에는, 단골식당에서 저녁을 먹으면서 숙련된 운전원인 아들을 믿고 거나하게 술(여름에는 시원한 맥주, 봄·가을에는 청하, 추운 겨울철에는 뜨겁게 데운 사케)을 마시면서 골프레슨도 하고 직장 상사 잘 모시는 비법, 동료와 부하직원에게 인기 있도록 하는 비결 등을 알려주곤 한다.

며칠 전에는 남춘천CC 앞에 있는 식당('군자' 닭갈비) 여주인으로부터 "수십 번 자주 오는 아드님을 자세히 살펴보았는데 딱 맞는 신부감이 있는데 소개하겠다."고 한다. '대기업에 다니고 있고 날씬하고 예쁘고 마음씨가 곱고 착한 28세 아가씨'이고 딸 셋 중 장녀라고 한다. 오래전부터 그 부모님들도 잘 알고 지내고 있으며 아버님은 '골프장 임원'이시라고 한다. 아들한테 '기왕이면 골프를 칠 줄 아는 여성이면 함께 운동도 하고 좋을 것이다'라고 평소 여러 번 말해 두었다. '일단 그 아가씨의 프로필을 보내 주겠다'고 하던데, 깜박하고 "아버님이 골프장에 계시니까 딸도 골프를 칠 줄 아는지?" 그것을 안 물어 보았네….

미국에서 9년에 걸쳐 대학·대학원 과정을 다니고 물리학(나노 반도체) 박사 학위를 받아 귀국한 후 KAIST에 3년간 재직하다가 대기업의 연구소에 스카웃되어 일하고 있다.

직장안에는 여성 연구원이 거의 없어서 자연스럽게 교제 할 사람도 부족하여 나무랄데 없는 신랑감이지만 언제 결혼하게 될런지 큰 걱정이다.

겪어 보면 안다

내 잘못 없이 큰 교통사고를 당해 보면 안다.
평소 '방어운전' 습관이 얼마나 중요한지를!

아파 보면 안다.
건강의 소중함을!

퇴직하고야 안다.
일터가 낙원인걸!

불행해 지면 안다.
커피를 마시고 산책을 하고 함께 대화를 주고받는
소소한 것들이 바로 행복이란 것을

나이 들으면 안다.

젊음이 소중하다는걸!

죽음이 가까이 왔을 때 알게 된다.
고통도 추억이고 작은 일도 행복이었음을!

부모님 돌아가신 후 안다.
더 잘해 드릴 걸!

이별을 하게 되면 안다.
그이가 괜찮은 사람이었음을!

부모와 자식사이

'내리사랑'이라고 부모가 자식을 사랑하는 만큼 자식이 부모를 애틋하게 사랑하지는 않는다. 자식한테 다시 자녀가 태어나면 부모보다도 내 자식이 더 소중한 법이다.

섭섭하게 생각 할 일도 아니다.

어짜피 내리사랑인 것이니까.

요즘 자식들은 부모에게 끔찍하게 효도하는 경우는 드물다. 그도 그럴만한 것이 결혼한 자녀들은 부부가 모두 직장을 다니고 있으니 바쁘기도 하고 일에 지쳐서 온몸이 피곤하기까지하니 부모님을 자주 찾아 뵙고 식사라도 함께 할 시간을 내기가 어렵게 된다.

미혼인 자녀들은 그들대로 갓 취업한 회사생활에 적응하느라 바쁘기 짝이 없고 인터넷과 컴퓨터에 빠져서 머릿속까지 복잡하고 주말에는 친구들 만나고 이성교제도 해야 하니 부모님을 생각 할 겨를조차 없게 된다. 옛말에 '품안의 자식' 이라는 말이 있다. 나이 어린 자녀를 품속에 안고 다닐때가 진정으로 행복하였다는 뜻이리라.

머리크고 자라면 부모말도 잘 안듣고 제 뜻대로 밀고 나가기 일쑤이다.

그래서 부모와 자식 사이는 가깝고도 멀게 느껴지는 사이다.

자식이라고 하여 너무 잘해주거나 올인할 필요는 없다. 결혼한다고 집 사주고 차 사주고 해서는 안된다. 신혼부부 대출 받으면 얼마던지 전세방에서 살 수 있다. 내가 부모님으로부터 아파트 받고 큰돈 받으면서 결혼생활을 시작하였는가? 아니다.

거의 맨손으로 출발하였어도 상당한 재산을 이루지 않았는가?

자녀들도 독립적으로 살아가도록 하여야 한다. 늙어서도 많은 재산을 물려주려고 해서는 안된다. 살고 있는 집은 주택금융에 담보제공하여 매달 주택연금을 받도록 하는 것이 가장 좋다.

그래야 사후에 자녀들 간에 분쟁이 없게 된다. 집 말고 또다른 부동산이 있다면 충분한 담보대출을 받아서 사용하도록 하고 빚을 물려주는 것도 괜찮다. 나중에 자식들이 '상속 포기'를 하던지 '한정상속'을 하면 될 터이다.

어머니는 위대한 스승

누구에게나
어머니가 계신다
언제 불러 보아도 눈물을 글썽 이게 하는
어머니!

태어나서 처음 보는 얼굴도 어머니요,
처음 입을 떼는 말이 '엄마'다.

역사적인 위인 뒤에는
항상 '훌륭한 어머니'가 있다.

어릴 때부터 어머니는
스승이다.
어머니로 부터 모든 걸 배운다

밥상머리 교육부터
남에게 폐를 끼치지 않는 예절까지

부지런함
성실
인내
노력을 모두 배운다.

가끔
무례한 사람들을 만날때가 있다.
이들도 어머니가 한마디만
나무라는 말을 했더라면
남한테 욕먹는 삶을 살지는
않았을 것이다.

어머니의 한마디 꾸중은
즉시 고치게 하는 큰 힘으로 자녀에게 작용한다.

어머니는
자식을 건강하게, 성장시키고, 학업에 충실하게 하고
사회에 봉사 할줄 알도록 하며,
병든 자식을 낫게도 하며

죽어가는 자식을 살려내기 까지 한다.

어머니는
신을 대신하여 이 땅에 계신다
신만이 할수 있는 기적같은 일을
어머님은 자식을 위해서라면
다 해내신다.

내 인생에 가장 큰 영향을 끼친 인물은
어머님이다.

공부를 열심히 하도록 하고
대학을 진학하고 국가고시를
합격하기 까지 그 인내의 원동력이
바로 어머님이다.
어머니는 내 인생의 스승이요 나침반이었다.

우리 사회를 지탱하는 힘은
바로 어머니의 사랑이다.

어머니는
끝없는 사랑으로 자식을

온전하게 자라게 하는
위대한 스승이다.

오늘도
어머니의 음성이 들리는 듯하다
어머니가 무척이나 그립고
보고싶다.

부모에게 잘해야 하는 이유

자동차, 집, 컴퓨터, 아끼는 물건
모두 소중하다.
그러나,
세상에서 가장 소중한 것은 내 몸이다.
'몸이 1,000냥이면 눈이 900냥'이라는 말처럼
두 눈이 가장 소중하다.
이 세상 모든 만물을 볼 수 있기 때문이다.

법에서도 한눈 실명이면 50%,
두 눈 모두 실명 시 100% '노동능력 상실'을 적용할 정도이다.

두 발도 엄청 소중하다.
여기저기 마음대로 걸어 다닐 수 있기 때문이다.
두 손도 너무 소중하다.

글도 쓰고 물건도 잡을 수 있고
식사도 할 수 있다.
두 귀, 입, 코, 모두가 극히 소중하다.

이렇게 소중한 내 몸을 누가 주었는가?
사랑하는 부모님께서 낳아 주시고 길러 주신 것이다.
그러니까 부모님께 잘하고 효도를 해야 한다.

나는 딸 하나, 아들 둘을 두었다.
부모한테 잘하긴 한다.

어버이날과 생일날에 선물도 보내온다.
그동안 만년필도 받았고 시계도 받았다.

그런데 3자녀가 모두 각각 떨어져서 살다 보니
이번 어버이날에는
나 혼자 쓸쓸하게 저녁을 먹게 되었다.

매달 통장으로 용돈을 꼬박꼬박 보내온다.
기특한 효자들이다.
그러나 자기 월급이 얼마인지는 말하지 않는다.
부모가 달라고 할까 봐서 그런가 보다.

당신의 자녀들은 어떤가?

소중한 몸을 준 만큼 부모에게 잘하고 있는가?

몸만 준 것이 아니고 두뇌와 손재주, 음악·미술·스포츠 재능까지 물려 준 것이 아닌가? 그러니 자녀들로부터 대우받고 효도 받을 자격은 충분하다.

젊은이여!

나를 낳아주고 길러주신 부모님께 잘 하고 있는가?

부모님 마음에 쏙 들도록!

8장　또다시 한 해를 보내며

또다시 한 해를 보내며

12월이 오면
아쉬우면서도 행복하다
이제 나이 들으니
세월이 일깨워 준 연륜의 지혜로
가려서 볼 줄 알고
새겨서 들을 줄 알며
모든 면이 성숙하여
옳은 판단을 내릴 수 있어서 그런지
'꼰대'보다는 '어른' 소리를 가끔 듣게 된다.

이제 나이 들으니
높임이 아닌 '낮춤'을 알고
채움이 아닌 비움을 실천하며
마음도 넓어지고

깊어질 줄 안다.
이제 나이가 많아졌어도
또 한 해를 보내는
12월이 오면
인생의 무상함보다는
살아오면서 겹겹이 쌓여진 슬기로움에 행복감을 느낀다.

사람은 오래 살고 볼 일이다
살아 숨 쉰다는 것은 언제나 가치 있는 일이다.

과장된 우리말의 재미

옛부터 입에서 입으로 전해 내려오는 우리말 격언에는 엄청나게 과장된 말들이 많다. 생각할수록 재미가 있고 선조들의 슬기와 지혜를 엿볼 수 있다.

부인을 잃고 혼자 사는 홀아버지의 집안은 청소와 정리 정돈이 안 되어서 언제봐도 '지저분하기 짝이 없다'는 뜻을 "홀아비 혼자 사는 집에는 '이'가 서 말이다"라고 지금까지도 전해 내려온다.

옛날 (1960년대까지)에는 사람이 입는 속옷에 '이' 또는 '벼룩'이 살고 있어서 살갗을 조금씩 갉아 먹으며 생존하였다. 이를 두고 홀아비는 부인이 없으니까 옷도 빨지 않고 오래 입고 다녀서 이들이 무한정 번식하여 약 3말 정도(당시 한 말은 18리터였으니 54리터), 수천만 마리가 득실거린다는 뜻의 과장된 표현이다. 지금도 혼자 살고 있는 남자가 자기 집으로 초대를 하면 이를 거절할 때 "홀아비 혼자 사는 집에는 이가 서말이래요"라고 대꾸하면 한바탕 웃고 넘어갈 것이다.

"구슬이 서 말이라도 꿰어야 보배다"

이 말도 크게 과장된 것으로서, 구슬이 아무리 많아도 실로 꿸 수 없으면 허당이라는 뜻을 강조한 격언이다.

"백발이 삼천장이다"

이 표현도 엄청나게 과장되어 있다. 산속에서 수도하는 고승이나 큰 장수를 가리켜서 쓰는 말이다. 늘어뜨린 흰머리가 하도 길어서 삼천장(1장이 30㎝이므로 3,000장이면 900m에 이른다)에 이른다는 뜻으로 과장하여 표현한 것이리라.

"수염이 석 자라도 먹어야 산다."

옛날에는 양반 계급만이 수염을 기를 수 있었다. 그러니, 아무리 지체가 높은 양반일지라도 밥을 굶을 정도 가난하여서는 행세를 할 수 없다는 뜻이다. 이에 수염을 길러서 이를 두 손으로 쓰다듬으면서 "에헴"하고 양반 행세를 한다고 할지라도 '가난하여 집안에 먹을 것이 없으면 말짱 허사라는 뜻이다. 양반의 수염이 길어서 석자(1자는 1척으로 30㎝이므로 90㎝라는 뜻)까지(배꼽 아래까지) 늘어뜨려져 있다는 과장된 표현이다.

"떡 줄 사람은 생각도 안 하는데 김칫국부터 마신다" 또는 "똥 묻은 개가 겨 묻은 개 나무란다." (겨는 왕겨로서 벼 껍질을 뜻한다)도 과장된 표현이다.

애국가 가사인 '동해물과 백두산이 마르고 닳도록'도 엄청나게 과장된 표현이다. 동해바다의 깊은 물(수심이 약 2,000m에 이름)이 모두 마를 때까지, 그리고 우리나라에서 가장 높은 산인 백두산(2,744m)이 다 닳아서 없어지고 평지가 될 때까지 라는 표현으로 '상상할 수도 없는 긴 세월'을 뜻한다.

"될 성싶은 나무는 떡잎부터 알아본다."

크게 될 사람은 어릴 때부터 남다르다는 뜻을 과장하여 표현한 것이다.

"약 빠른 고양이가 밤 눈을 못 본다"

약삭빠르고 얌체 짓을 많이 하는 사람을 가리켜서 쓰는 말로 그렇게 약아 빠진 사람이 오히려 실속이 없다는 뜻이다. 약아 빠진 고양이가 낮에는 이것저것 물어뜯고 난리인데 정작 쥐를 잡아야 할 밤에는 눈이 안 보여서 사냥을 못 한다는 뜻이다.

"백지장도 맞들면 낫다."

이 말도 아무리 가벼운 물건이라도 두 사람이 함께 들면 훨씬 낫다는 뜻으로, 힘든 일이나 고통스러움도 나누어 분담하면 수월하다는 뜻을 과장한 것이다.

"천 리 길도 한 걸음부터"

목적지까지 1,000리(10리가 4km이므로 400km)길을 출발하는데 (서울에서 부산까지, 서울에서 함경북도 온성까지의 거리임) 망설여지고 겁부터 나는 것은 당연한데 '한 걸음만 떼면 시작할 수 있다'고 용기를 주는 과장된 표현이다.

"첫 숟가락에 배부르랴?"

식사 대접 시 밥 1숟가락으로는 배부를 수 없으니, 음식을 후하게 차려서 배부르게 먹도록 하라는 뜻일 게다.

"한국 사람들은 공짜라면 양잿물도 많이 담긴 것으로 마신다."

"공짜 술 한잔 얻어 먹으려고 십리길을 걸어간다."

그 외에도 듣는 이로 하여금 금방 깨닫도록 하는 속담과 격언들이 수두룩하다.

부모님의 앨범

우리는 돌아가신 분의 기일에 제사를 지내는 풍습이 있다. 그러나 신세대는 차츰 제사를 지내지 않고 있으며, 자기들이 얼굴을 알고 있는 부모님 제사 정도만을 챙기고 있는 실정이다.

제사를 지내는 풍습은 돌아가신 분의 기일에 자녀들이 모여서 고인을 한 번 더 추억하고, 형제들이 의논할 일들이 있으면 모여서 상의하여 결정하고, 서로 친목을 도모하고자 하는 뜻에서 비롯되었을 것이다. 특히 작고하신 후 첫 기일의 의미는 남다르다. 좋은 추억도 생생하게 남아 있고 다시 한번 뵙고 싶기도 할 것이다.

자녀들이여!

이러한 첫 기일 제사에는 부모님의 앨범을 동영상으로 제작하여 가족들이 모였을 때 상영하도록 해보자. 자녀들이 각자 휴대폰 속에 저장된 부모님의 사진과 동영상을 모두 찾아내고, 각자의 앨범과 부모님이 소장하고 있었던 장롱 깊숙이 잠자고 있던 앨범 속에서 멋진 추억이 담겨 있는 사진을 모두 발굴하여 휴대폰으로 다시 사진을 찍어서 은은한 음악을 배경으로 동영상으로 제작해 보자.

부모님의 어린 시절 첫돌 사진부터 결혼식 사진, 신혼여행 사진, 한창 젊은 시절의 사진들, 자식들의 결혼식 날 찍은 사진, 회갑이나 칠순, 팔순때 찍은 사진과 동영상 등등을 찾아내어서 멋진 영상으로 제작해 보자.

첫 기일에 이를 상영 하노라면 추억이 새록새록 떠오르고 각자의 어린 자녀들에게도 할아버지. 할머니를 추억하도록 하는 좋은 교훈이 될 수 있을 것이다.

첫 기일이 아니라도 좋다.

이번에 돌아오는 부모님 기일에는 그분을 중심으로 한 사진들을 모아서 영상을 제작하여 가족들 앞에서 상영해 보도록 하자. 아직도 살아 계신 것만 같고, 보고 싶기도 한 부모님과 함께한 사진과 동영상을 함께 보고 있노라면 저절로 새로운 추억이 쌓여 갈 것이다.

대통령 중심제, 이제는 잘못이다

국정의 최고 책임자라는 대통령!
대통령을 중심으로 놓고 보니
주변이 있고 안과 밖이 있게 된다.
내 편이 있고 다른 편이 있다.

내가 똑똑하다고 생각할 때
오만이 있고
독선이 생기게 된다.

더불어 사는 세상!
내가 중심이 될 수 없다.

대통령도 중심이 아니다.
사람은 물론 환경·기후·에너지 등 모든 만물이 중심이어야 한다.

정치꾼이 중심인 정치!

잘못이다.

대통령이 중심인 정치!

이것도 정도(正道)는 아니다.

국민 모두가 중심이 되어야 한다.

어떤 중심점을 두는 것

이제는 고쳐야 할 때다.

헌법을 개정하여 시대에 걸맞은 새로운 정치제도를 수립하여야 할때다.

대통령중심제에서 국민중심정치제도로 바꾸어야 한다.

하천(河川)과 강(江)

우리나라는 강(江)이라 하는데 일본은 천(川)이라고 한다. 일본에서 천(川)으로 부르는 이유는 그 길이가 짧아서이다. 도쿄의 아라가와(荒川)와 오오사카의 요요가와(淀川)가 대표적이다.

일본 땅은 좁고 긴 섬이고, 그 한가운데에 높은 산맥들이 있어서 서쪽으로 흐르면 동해와 금방 만나고 동쪽으로 흐르면 태평양으로 금세 들어간다. 따라서 그 길이가 짧은 탓에 수량도 적고 강폭도 좁아서 강이 아닌 냇가란 뜻의 천(川)으로 불리고 있다.

그런데 우리나라는 태백산맥이 남북으로 길게 뻗어 있어도 용케 우측으로 치우쳐 있어서 빗물이 경사면을 타고 서해로 흐를 경우 강의 길이가 엄청나게 길어질 수밖에 없게 된다. 많은 수량이 모여지게 되어 강폭도 대폭 넓어져서 서울의 한강은 그 폭이 2㎞ 이상이 된다.

수도 한복판을 관통하는 강이 이토록 넓은 경우는 세계에서 드물다. 미국 뉴욕의 '허드슨강'과 영국 런던의 '템스강' 정도이다. 프랑스 파리의 '세느강'은 서울의 중랑천 정도에 불과한 것을 보고 크게 실망한 기억이 있다.

또한 우리나라의 강은 그 물을 그냥 마셔도 될 만큼 깨끗하다. 이탈리아·그리스 등 유럽의 강은, 가 보니까 온통 부옇거나 녹색을 띠고 있었다. 석회암 지역을 통과하는 강물이라서 음용수로서는 절대 불가라고 한다. 오죽하면 모든 식당에서 물을 돈을 주고 주문하여야만 가져다준다. 물값도 비싸서 맥주를 마시는 것이 더 쌀 정도이다.

우리나라는 산들이 온통 화강암으로 되어 있는 데다가 산림이 울창한 탓에 빗물이 흐르는 도중 말끔히 정화되어서 전국 어디에서나 깨끗한 물이 넘쳐 흐르고 있다. 그야말로 '금수강산'이다.

그리고 길게 뻗어 내려가는 강을 따라 좌우 언덕에 자연 발생적으로 꽃길이 탄생되어 총천연색의 아름다운 풍광을 선사하기까지 한다. 섬진강 변에는 노오란 산수유꽃 천지이고, 북한강 변에는 연분홍의 벚꽃길이 끝없이 이어지고 있다.

자동차로 달리거나 산책을 하면서 울긋불긋 '꽃 대궐' 같은 동네와 강을 따라 끝없이 이어지는 꽃길 파노라마를 보노라면 누구나 '아, 멋지다, 아름답다'는 감탄이 절로 나오고 이런저런 꽃내음이 스며오면 나도 모르게 그 향기에 취하여 마냥 기쁘고 즐겁기만 하며, 잘 나가던 젊은 날의 옛 추억까지 떠올리게 된다.

군데군데 기가 막히게 음식을 잘하는 맛집들도 있으니 잠깐 쉴 겸 음식 맛을 보게 되면 주변 정취와 어우러진 향토 음식 맛에 황홀감과 행복감으로 온몸에 전율이 오고 '천국이 바로 여기로구나' 싶다.

미국이나 호주, 뉴질랜드 등에 살고 있는 교포들과 함께 여행한 적이 있다. 10년이상 오래 살게되니 한국 살 때 먹어본 맛집의 음식 맛이 너무너무 그립다고 하소연 하였다.

외국은 온종일 여행하다가 점심이나 저녁때가 되면 갈 곳이 햄버거집, 스테이크집 뿐이다.

우리나라에는 가는 곳마다 어마어마하게 근사한 오래된 식당들이 즐비하다.

특히 강변에 자리한 맛집들은 눈앞에 아름다운 그림까지 펼쳐진다. 가마솥 곰탕·묵은지 갈비찜·쏘가리 매운탕·한우 사시미·한우 육회·화로구이·숯불갈비·닭갈비 등 생각만해도 군침이 도는 메뉴들이 널려 있으며, 술마신 다음날 아침을 위하여 올갱이 해장국·양, 선지 해장국·추어탕·설렁탕을 전문으로 하는 음식점이 수두룩하다. 해외 교포들이 그 맛을 잊지 못하면서 그토록 그리워하는 우리 고유의 음식들을 정다운 사람들과 함께 어울려 자주 맛보면서 한국에 살고 있는 행복함을 만끽하여야 한다.

무더위

올해 여름은 유난히 푹푹 찌는 '무더위'가 계속되고 있다.

낮 기온이 섭씨 40도를 넘나든다. 118년 만에 최고 높은 온도란다. 이렇게 여름 기온이 치솟는 것은 지구 온난화 때문이란다. 길에는 걸어 다니는 사람을 찾아보기 어렵다. 개나 고양이도 나무 그늘을 찾아 어디론가 숨어 가 버렸다.

목을 축일 물!

몸을 식힐 그늘!

어디에서 찾아볼까!

이렇게 푹푹 찌는 가마솥 무더위가 계속되어도 어제 저승으로 간 '부자'나 '천재'보다는 살아 있는 내가 행복하다. 사우나실에 들어간 셈 치고 뜨거운 여름 날씨를 즐겨야겠다.

길가에 서 있는 가로수, 마당에 있는 여러 나무도 너무 뜨거운 태양 아래에서 잎을 축 늘어뜨린 채 가쁜 숨을 몰아쉬고 있다. 이렇게 움직이지도 못한 채 뜨거운 햇볕 밑에서 목말라 있는 식물들과 그

늘 밑에 들어가 숨을 헐떡이는 동물들과 흐르는 땀을 연신 닦아 내고 있는 인간들!

이 모든 생명체를 위하여, 장대같이 쏟아지는 빗줄기를 기다려 본다. 빗물을 흠씬 퍼부어서 뜨거워진 대지를 순식간에 식혀 주기를 고대해 본다.

찌는 듯이 무더운 날씨 속에서 농사일을 도우며 고생하던 어린 시절, 아련한 옛 시절의 슬픔도 때로는 그리워질 때가 있다.

그립다고 생각하니 학창 시절도 옛 사람도, 다시 떠올라 추억이 되어 또다시 보고 싶어진다. 밉다고 멀리하면 어느 누구도 마주하기가 싫어진다. 찜통더위가 끝나갈 무렵 한줄기 소나기가 반가운 손님처럼 찾아 오리라. 빗방울이 계속되어 지리한 장마로 이어질 때면 축축한 습기를 일시에 말려 줄 뜨거운 태양도 그리워지리라.

충청도 사투리

충청도 사람들은
에둘러 말한다.
과장하며 말한다
능청스럽게 말한다.

충청도 사투리
풍자와 해학이 가득하다
삶의 여유와 풍류를 즐긴다.

사람들은 '멍청도'라고 부른다.
'능청도'라고도 한다.
요즘에는 '엄청도'(멍청한 줄 알았는데 겪어보니 엄청나다는 뜻)라고도 한다.

통상 서울말을 충청도 토종 사투리로
바꾸어 보면 대강 이렇다.

배고픈데 음식 좀 빨리주세요.
→ 우덜 3일 굶었슈! 얼른 좀 주셔유!

음식이 늦게 나오네요.
→ 이 집 음식이 내 제사상에나 올리겠구만유!

치킨 배달이 늦어집니다.
→ 닭을 키워서 잡아 오남유! 오늘 안으로 나올란가 모르겠슈!

술잔이 비었는데 좀 따라주십시요.
→ 기다리다 초상 나겠시유! 나 죽은 다음에 따라 줄겨?

음식을 왜 이렇게 흘리면서 드십니까?
→ 흘린 것만 담아도 3인분은 되겠네요!

머리카락이 나왔습니다.
→ 사장님! 이 식당에서는 머리카락을 1개씩 서비스로 언져 주남유?

잔을 떨어뜨렸네요?

→ 그렇게 집어 던져가지고 깨지겄슈?

잔이 1개 떨어뜨려서 깨졌네요?

→ 여기 쌓아둔 잔 다 깨부수지 왜 남겨 둔대요?

차문 좀 살살 닫아주세요.

→ 그래 갖고 부서지것슈?

모임인데 너무 늦게 도착했습니다.

→ 왜 벌써 오고 그랴? 아예 낼 아침에 오지?

앞으로 전화 좀 자주하거라.

→ 손가락 분질러진 줄 알았네, 이제 다 나슨겨?

결혼식에 못가서 미안합니다.

→ 한번 더 결혼하슈! 두 번째는 갈텡께!

같은 동네에 사는 교도소 갔다 나온 사람 알지요? 얼마 전 이혼까지 했다고 합니다.

→ 어! 학교('감옥'을 뜻함)에 갔다 온 사람! 착한 일은 다 하는 구먼!

그놈 천하에 가장 나쁜 XX네

→ (충청도 양반 체면에 욕할 수는 없고)

거 고얀 사람이구먼!

그 원두막 이름은 '조은대'

시골(충북 옥천)에서 농사일을 거들던 어린 시절. 참외밭에 있던 원두막. 사다리를 타고 올라가서 높은 곳에 앉아 시원한 여름 바람을 쏘이며 참외를 먹던 기억이 생생하다.

조그마한 전원주택 땅을 구입하고 원두막 부터 짓기 시작하였다. 혼자서 우선 땅을 파고 4곳에 주춧돌을 놓고 그 위에 나무 기둥 4개를 높이 세우고 (구입할 당시 3, 6미터로 배달된다) 1, 5미터쯤에 1층 바닥을 만들고 3미터 높이에는 2층을 만들었다.

지붕을 제작하고 빗물받이까지 설치하니 꼬박 이틀이 걸렸다. 鳥(새 조) 隱(은둔할 은) 臺(물건을 얹는 대) 라고 한문으로 새겨서 나무 명판을 달았다.

'새들도 쉬어가는 곳'이란 뜻이고 한글 발음으로는 '좋은 곳' (조은대) 을 포함하여 2중으로 함축된 뜻이다. 2층 높은 곳에 자그마한 책상을 올려다 놓고 책을 읽다가 내려다보이는 겹겹의 산들을 바라보니 신선이 따로 없다. 어쩌다가 좋은 벗들이 찾아올 때면 이 원두막 2층으로 함께 올라가서 마주 앉아 술 몇 잔을 기울이면 이보다 더한 행복은 없다.

이번 주말에는 누구를 초대해 볼까?

좋아하는 사람들과 술상을 마주할 생각을 하니 벌써 온 마음이 설레인다.

골프가 안 되는 이유와 술 마실 핑계는 많다

'골프와 자식은 마음대로 안 된다.'는 말이 있다.

그만큼 '의지대로, 생각한 대로, 노력한 대로 되지 않는다.'는 뜻일게다. 공을 칠 때 '프로는 본대로 가고 아마추어는 우려한 대로 간다.'는 말도 있다. 즉, 전문가인 프로선수는 겨눈 대로 공이 날아가고, 초보자는 '옆에 있는 호수나, 산속으로 들어가면 안 되는데'하고 걱정을 하면서 이를 피하여 똑바로 치려고 해도 웬일인지 공이 염려하던 곳인 호수에 빠지거나 산속으로 휘어져 들어가 버리기 쉽다는 말이다.

골프가 잘 안되는 이유는 너무나 많다.

① 모래 벙커가 많아서,

② 연못이 많아서

③ 코스가 휘어져 있어서 (Dog-Leg 코스라고함),

④ 바람이 불어서,

⑤ 가랑비가 내리고 있어서,

⑥ 눈발이 날려서

⑦ 날씨가 흐려서

⑧ 햇볕이 너무 따가워서 등 이루 헤아릴 수조차 없다.

심지어는

① 캐디가 너무 예뻐서,

② 동반자가 너무 좋은 분들이라서

③ 날씨가 너무 좋아서 등등 긍정적인 핑계까지 대기도 한다.

대략 20,000가지 핑계가 있다고 한다. 그 20,000번째 핑계는 오늘 "이상하게 안 맞는다."라고 한다. 최근 1개가 더 늘었는데 20,001번째 핑계는 "아무 이유 없이 이놈의 골프가 안 된다."이다.

술을 마실 핑계도 많다.

우선

① 기분 좋은 일 있어서 한잔,

② 좋은 사람을 만났으니 한잔,

③ 오랜만에 만났으니 회포를 풀어 보자며 한잔,

④ 오늘은 기분 나쁜 일이 생겼으나 한잔,

⑤ '비가 오는 날에는 술맛이 난다.'라면서 한잔,

⑥ 눈이 오니 한 잔 등 술을 마셔야겠다는 구실은 넘쳐난다.

내가 기거하는 집 원두막 사방에 나무를 잘라서 이런저런 글을 새겨 걸어 두었다.

"인생! 뭐 있어? 건강이 최고이지!"

"보고 싶은 사람과 술상 앞에 마주 앉은 사람이 최고의 행복이다."

"죽은 후에 금덩이를 쌓아 놓은들 살아생전 한잔 술만 못하다."

이 말은 중국 당나라 시인 백낙천의 신후퇴금 계북두 불여생전 일배주(身後堆金桂北斗 不如生前一樽酒)에서 따왔다. 나는 이처럼 술 마시기를 강요하는 듯한 온갖 글귀를 써서 걸어 두었다. 심지어 "오늘은 필름이 끊길 때까지!"라는 글을 맨 위에 걸어 두고는 진탕 술을 강요하기까지 하였다.

나는 밥보다 술을 좋아한다. 그것도 빈속에 술만을 짜르르 위 속에 부어 넣는 것을 좋아한다. '알딸딸'하게 취기가 오르는 것을 느끼는 것을 즐긴다. 술 마시는 날에는 알코올에 취해서 한동안 술만 마시다가 안주 몇 점 집어 먹고 끝을 내고 밥은 아예 못 먹는다. 내 상식으로는 "술맛을 모르는 이는 인생의 절반을 모르는 사람이다."

"골프의 재미를 모르고 사는 사람도 인생의 절반을 모르는 사람이다."

골프를 끝내고 마시는 술은 더 좋다.
더운 여름에는 시원한 생맥주가 최고이고
추운 겨울에는 따끈하게 데운 정종이 최고다

봄, 가을에는 아무 술이나 다 좋다.

내기 골프라도 해서 잃은 사람에게 50% 돌려주고 캐디피 내고 조금 남는 돈에 내 돈을 보태어 한잔하면 최고의 기쁨이다. 어떤 동반자가 라운딩 끝난 후 식사 직전에 잃은 돈을 되돌려 주었더니 "골프의 3가지 즐거움"을 말한 적이 있다.

첫째는 동반자요.

둘째는 잃은 돈 되돌려 받는 기쁨이요.

셋째는 우리 팀 골프 끝났을 때 소나기가 막 쏟아 지는 것을 보고 들으면서 (속으로는, '우리 뒷 팀들 비에 흠씬 젖겠구나!' 하면서) 먹는 밥맛이란다.

당신은 어떠한가?

알코올 중독은 아닌가?

골프 중독은 아닌가?

"절대 그 정도는 아니다"라고 부인할 것이다.

왜냐하면, 미친 사람한테 "당신 미쳤지?"하고 물어보면 "NO, NO! 나는 극히 정상이다"라고 할 테니까! 미친 사람이 "그래 나는 지금 미쳤다"라고 시인하는 경우는 없다.

알코올 중독, 골프 중독, 도박 중독도 마찬가지 일 게다. 절대로 자신은 "중독까지는 아니다."라고 부정한다. 그래야 오늘도 또 술을 마시고 내일도 또 골프장으로 갈 테니까 말이다.

경기남도·경기북도와 강원동도·강원서도

경기도를 둘로 쪼개야 한다.

경기도는 서울을 가운데 두고 남북으로 길게 뻗어 있어서 수원에 도청을 하나 둔 상태에서는 시민의 불편도 가중된다. 따라서 '경기남도'와 '경기북도'로 나누어서 도지사를 따로 뽑으면 더욱 발전될 것이고 도민들의 불편도 해소될 것이다. 나의 예언이 5~10년 이내에 실현될 것이라고 믿는다.

강원도 역시 태백산맥을 사이에 두고 생활권과 문화권이 다르다. 춘천에 강원도청을 두고 있는데 속초나 강릉·동해·삼척 주민들은 도청일을 한 번 보려 해도 거리가 멀어 불편이 많다. 따라서 강원도를 태백산맥 경계로 '강원 동도'와 '강원 서도'로 분할하여 그곳의 도지사를 따로따로 선출하여야 한다. 이것도 10년 이내에 실현된 것으로 본다.

경기도와 강원도를 각각 남도·북도, 동도·서도로 분할하여 10년 정도 운영하다가 "다시 합쳐서 종전대로 통합 운영할까요?"라고 물으면 "2개로 쪼개서 운영하니까 이렇게 편리한데 무슨 소리냐?"면서 모두 다 반대할 것이다.

이는 지금에 와서 경상남·북도를 경상도로 충청남·북도를 충청도로 전라남·북도를 전라도로 통합하여 운영하고자 주장하는 것과 같다.

"조선시대로 돌아가자는 얘기냐?"라면서 모두 다 깜짝 놀랄 것이다. 그러므로 빠른 시일 내에 우선 경기도를 경기남도와 경기북도로 분할하여 운영하여야 마땅하다. 치안 수요가 폭주한 탓에 경찰은 이미 경기남부경찰청과 경기북부경찰청으로 분할하여 운영하고 있다. 정부 행정이 국민수요를 못 따라가고 있을 뿐이다. (현재는 마지못하여 의정부에 '경기도 북부 출장소'를 운영하고 있다.)

9장 좋은 인상과 나쁜 인상

좋은 인상과 나쁜 인상

인상이 좋은 사람은 대개 부자로 산다. 여유롭게 산다.

인상이 나쁜 사람은 가난하다. 바쁘게 허덕거리지만 모이는 재물은 없다. 나쁜 인상을 가진 사람이 성공하는 경우는 없다. 주위 사람들이 도와주지 않기 때문이리라.

식당이나 가게를 가 봐도 잘되는 집 주인은 다르다. 얼굴이 후덕하고 인상이 싫지 않은 사람이다. 그러니 종업원들에게 잘해 주고 직원들도 주인을 섬기면서 열심히 일한다. 그래서 손님들이 흡족해하고 자주 찾아오게 되면서 부자가 된다.

편안한 인상
친절한 매너
보고 싶은 얼굴
품격 있는 언행

이 4가지가 바로 행복의 지름길이다.

재물이 곧 행복은 아니다.
명예가 곧 행복도 아니다.
재물이나 명예는 원하지 않는 사람도 있다
그러나 행복만큼은 누구나 원한다.
인생 최고의 가치는 행복이다.

행복함을 위하는 길

내가 좋아하는 일, 하고 싶은 일을 골라 본다.

목공도 좋고 나무 가꾸기도 좋고 잔디 물 주는 것도 좋다.

좋은 사람 만나는 것도 기쁘고 멋진 대화 나누는 것도 기쁘다.

재물이나 명예나 권력으로 오래도록 행복하기는 어렵다.

하고 싶은 일, 좋아하는 일을 계속해낼 때 행복감에 젖어 들게 된다. 어느새 얼굴은 빛이 나고, 마음도 기쁘게 되고 스스로 아름다운 사람이 된다. 당신은 어떤가요?

좋아하는 일을 하고 있고, 하고 싶은 일을 다 했나요?

곱게 물든 단풍 같은 우리네 인생

곱게 물든 단풍이 꽃보다 아름다울 수 있고, 잘 마무리한 인생의 황혼이 어설픈 청춘보다 화려할 수 있다. 신체 건강도 중요하지만 뇌 건강을 잘 지켜내야겠다. 그래야 치매도 안 걸리고 추한 모습 안 보일 수 있다. 뇌 건강을 위하여 책도 많이 읽고 글도 틈틈이 쓰고 운전면허도 반납하지 말고 자주 돌아다녀야겠다.

이른 아침에 떠오르는 동해 바다의 일출도 화려하지만,
저녁에 지는 서해 바다의 석양도 온통 붉게 물들이는 장관이다.
청춘도 힘차고 생동감이 있어서 좋지만
인생 후반기의 장년도 많은 경험을 통한
여유로움 속에서 얼마든지 주변에 정열을 선사할 수 있다.
당신의 후반기는 어떠한가요?
빨간 저녁노을처럼 열정으로 가득 차 있나요?

멋지고 빛나게

지난 시절을 돌아보니 멋지게 살아온 날들이다.

학창 시절에는 공부에 매진하였고 경쟁이 치열하였던 명문대에 합격을 하던 날! 어렵다던 행정고시와 사법고시를 합격하던 날! 보통 사람들이 면제받으려고 안달하는 군대 문제도 기꺼이 지원 입대하여 힘든 훈련을 받고 장교로 임관하던 날! 공무원으로 첫 출근하던 날! 승진을 하여 조그만 기관장으로 나가던 날.

생각만 해도 멋지고 가슴이 뛴다.

젊은 혈기에 '봉사를 하겠다'는 일념 하나로 그 험한 정치를 2번이나 출마하던 시절! 지금 생각하면 아찔하기만 하다. 나이 들수록 인생은 점점 흥미로워진다. 이젠 자신을 돌아보면서 행복하게 나이 들어갈 수 있는 여유가 있다. 느긋하게 웃으면서 걸어갈 내리막길이 있다.

숨을 쉬고 있는 한 희망은 있다.(while I breathe, I hope)

꿈이 있는 한 행복은 있다.

인생 별것 없다.
재미있게 살자.

일상의 사소한 모든 일에 '행복감'을 느껴보자. 지금 행복할 줄 모르는 사람은 나중에도 행복을 알기 어렵다. 멋진 음식에 아름다운 루비빛 와인 한 잔, 그리고 가슴 벅찬 감동을 느껴보자. 산다는 것은 눈부시게 아름다운 것이다.

인생 뭐 있어?
즐겁게 살면 되지!
하루하루를
멋지고 빛나게
살도록 하여야겠다.

가족은 어려운 존재인가

오늘은 어버이날. 자식들이 내가 젊은 시절 효도한 것만큼 부모를 챙기지 않는 것 같다.

부모가 재력이 있어서 자녀에게 아파트도 사주고 베푼 사람일수록 그 자녀들이 부모를 덜 챙기는 것 같다. 그도 그럴 것이 어려서부터 받기만 해온 습관이 있고 커서도 큰돈을 지원받았으니 부모를 살뜰히 보살필 필요성을 못 느끼는 것은 당연하다.

가난 속에 힘들게 성장한 자녀들이 어버이날 부모에게 정성을 다하는 모습을 종종 본다. 자식에게도 자녀들이 생겨나면 자기 자식이 부모보다도 소중하게 된다. 내리 사랑이라고 어쩔 수 없는 일이다. 부모와 자식, 형제·자매 사이에도 마음 아프게 하는 경우가 많다. 가족이란 끔찍한 사랑인 동시에 끝없는 부담이다. 한없는 기쁨을 주는 관계이면서도 '깊은 좌절'을 느끼게 하기도 한다.

가족 간에는 정답이란 없다.

그저 서로 어려운 존재이다.

내 자식들은 어떻게 키웠는가?

부모한테 얼마나 잘하고 있는가?

한번 점검해볼 일이다.

인생, 오래 살고 볼 일

고생스러우면 고생스러운 대로 즐거우면 즐거운 대로 삶에는 의미가 있고 가치가 있다. 인생, 오래 살고 볼 일이다.

물 흐르는 대로 살아 볼만한 것이 우리네 삶이다. 오래 살수록 인생의 깊은 맛을 알고 삶에 대한 후회와 깨달음을 알게 된다. 인생, 어떻게든 건강하게 오래 살고 볼 일이다. 그러려면 스트레스를 덜 받아야 한다. 대인관계에서는 '욱'하는 감정을 내려놓고 일에서는 욕심을 버리고 적당한 선에서 멈출 줄 알며 나를 공격하는 사람이 있더라도 맞붙어 싸울 것이 아니라 슬기롭게 비켜 갈 일이다.

배려

하나 더하기 하나가 둘을 넘어 셋 이상을 만들어 내기도 하는 위대한 힘, 그것이 배려이다. 하나 더하기 하나가 둘이 아닌 큰 하나가 되는 에너지도 바로 배려에서 나온다.

입장 바꾸어 생각해 보고 상대방을 돌보아 주는 마음, 그것이 바로 일심동체가 되기도 하고 무한한 힘이 되기도 하는 동력이다. 오늘도 마주하는 사람을 배려하는 행동을 하여야겠다.

사랑과 배려
역지사지(易地思之)는
호감을 갖게 하는 마술이다.

당신의 배려심은 어떠한가요?
남에게 욕먹은 적은 없는가?
남을 불편하게 한 적은 없는가?

행복한 사람

행복이란 전적으로 마음에 달려 있다. 불행은 구체적 사실과 맞부닥치지만, 행복은 오로지 추상적인 마음에 달려 있다.

행복한 사람은 왕이든 농부이든 자신의 가정에서 평화를 발견한 사람이고 즐겁게 일하는 사람이고 자신이 한 일을 기뻐할 줄 아는 사람이고 남을 존중해주며 다른 사람의 기쁨을 자기 것인 양 축하해 주는 사람이다.

당신은 지금 행복한 사람인가요?

10장 나라가 할 일과 사회가 할 일

나라가 할 일, 사회가 할 일, 내가 할 일

길고양이나 유기견을 모두 모아 자기 집에서 키우는 이들이 있다. 30~40여 마리나 된다. 이런 사람들 눈에는 거리에 혼자 다니는 동물을 볼 때마다 모두 주인이 버린 것으로 단정하고 데리고 가기도 한다.

동물을 사랑하는 마음은 대견하다. 그러나 그에 푹 빠져 버리면 본인 생활이 없게 된다. 이는 나라가 할 일이요 사회가 할 일이다. 나는 세금만 잘 내고 공동체의 규범을 잘 지키면 될 일이다.

나이 50부터는 자신을 위해서 살아야 할 때이다. 세상을 위해서 또는 너무 거창한 일을 해내려고 할 것이 아니다. 세상 사람들이 나를 선택하지 않는다고 비관할 일도 아니다.

세상에서 부는 바람은 내가 어찌할 수 없지만, 내 안에서 부는 바람은 생각을 바꾸면 잠재울 수 있다. 내가 해야 할 일에 충실할 때이다.

여러분은 지금 어떠 한가요? 사회가 할 일을 내가 맡아서 죽을 고생을 하고 있는것은 아닌가요?

얼굴 표정을 밝게 해야

호주를 여러 번 간 일이 있는데 구걸하는 사람이 하나도 안 보였다. 교민에게 물어보니 "일하기는 싫고 밥은 먹고 싶은 사람들이니까 나라에서 보는 대로 잡아다가 수용소에 가두고 침식을 제공한다." 고 한다.

왜 그렇게 할까요? 물으니 "지하 계단이나 길거리에서 구걸하는 사람을 마주하는 시민의 행복이 침해당하지 않도록 하기 위해서"란다. 호주 시드니, 멜번, 브리스번, 케언즈 등을 모두 다녀도 소위 거지는 한 명도 없었다. 어쩐지 호주에서는 모든 시민들, 남녀노소 모두 행복하게 웃는 얼굴들 뿐이었다.

큰아들이 호주 멜번에서 고교·대학을 다녀서 7년여간 10여 회 이상 방문하였다. 2주 정도 머물다 오면 내 체중이 2~3kg 증가되었다. 그 까닭은 호주에서 보는 모든 사람들의 모습이 너무나 밝아서 나 또한 행복감을 느껴서인 것 같다.

한국에 오는 즉시 1주일 이내에 늘어났던 체중은 다시 원상태로 복귀되었다. 서울의 거리에는 마주치는 시민들이 바쁘게 보이고 짜증난 얼굴들이 많아서인지도 모르겠다. 지하철이나 지하도에 물건을 팔거나 손을 벌리고 있는 분들을 자주 보기 때문인지도 모른다.

작은아들이 미국으로 대학과 대학원을 다니며 박사(물리학 학위)까지 받는 9년여 동안, 미국을 10여 회 방문한 적이 있다. 미국 사람들이 볼 때 아시아인(Asian)의 얼굴이 모두 비슷비슷해 보인다고 한다. 그래서 일본인·한국인·중국인을 구별할 수 없다고 한다.

딱 봐서 얼굴 표정이 환하면 Japanese, 굳어 있으면 Chinese, 잘 모르겠으면 Korean으로 간주하면 대충 맞는다고 한다. 일본인은 의도적으로 친절하기도 하지만 경제력이 있어서 그런지 편안한 얼굴 표정이 많고 중국인은 사회주의와 통제 경제 속에서 부자라도 얼굴 모습이 밝지는 아니한 것 같다

환한 표정, 밝은 얼굴 모습, 여유 있는 성격이 저절로 나타나도록 해야겠다.

여러분은 어떠한가요?

밝은 얼굴이라고 자신 할 수 있나요?

누가 나한테 한 말*

이분을 만나지 못했다면 느껴보지 못했을 많은 감정들….

재치

개그

웃음

신비

도전

열정

똑똑

깜찍

천재

친절
자상
호기심

아낌
배려
여유

귀염귀염
재미재미
상큼상큼

무심
냉정까지….

* 가평에서 충청향우회 회장을 맡아 일하고 있는 필자에게 회원 몇 사람이 논의 한 후 흰종이에 적어온 글이다.

서로 노예처럼 되는 일이 없어야겠다

사람을 위해 돈을 만들었는데 돈에 너무 집착하다 보니 사람이 돈의 노예가 된다. 몸을 보호하기 위해 옷이 있는 것인데 너무 좋은 옷만을 입으니 내가 옷을 보호하게 된다.

사람이 살려고 집이 있는데 집이 너무 좋고 집 안에 비싼 게 너무 많으니 사람이 집을 지키는 개가 되고 만다. 인생에 너무 많은 의미를 부여하니까 의미의 노예가 되고 행복하지 못하게 된다.

자식을 애지중지 하다 보니 등하교 시키는 일부터, 여러 학원에 데려다주고 데리러 가는 등 부모가 자식의 노예가 된다. 자식은 부모의 보살핌을 너무 받은 나머지 독립심이 없어지고 혼자 할 수 있는 일이 거의 없게 된다. 결국 자식도 부모의 노예가 된다.

요즘 자녀들이 결혼도 잘 하지 않는다. 이래저래 부모·자식 간 서로의 노예 기간이 더욱 길어지기만 한다.

여러분은 어떠한가?

자식의 노예가 되지는 않았는가?

자식을 노예처럼 만들지는 않았는가?

반성해 볼 일이다.

10년간 한 우물을 파라

현재 처하여 있는 현실에서 가장 잘할 수 있는 것, 즐거움과 보람을 가장 많이 느낄 수 있는 것을 찾아서 거기에 자신의 인생을 올인해야 한다.

최소한 10년 동안 한 우물을 파야 한다. 그래야 그 분야의 전문가 (professionalist)가 된다. 그때가 되면 내 눈에 다른 프로들이 들어오기 시작하고, 그때부터는 프로들끼리의 경쟁이 시작되게 된다. 그 이후부터 내가 이룩한 성취와 성과는 개인의 영역을 넘어서서 우리 사회 전체가 공유할 수 있는 소중한 자산이 된다.

당신은 어떠한가?

목표한 어떤 일에 10년 이상 몰두하였는가?

기대와 후회

인생을 살아가면서 너무 기대하지도 마라.

설불리 실망하지도 마라. 후회할 일은 처음부터 시작하지 마라,

이미 했다면 후회하지도 마라.

기대가 크면 실망도 크게 된다.

여러분은 어떠한가?

기대가 너무 큰 나머지 크게 실망한 적은 없는가?

만남과 이별

우리는 살아가면서 누군가를 만나고, 사랑이나 우정에 빠지고 또 이별을 하기도 한다. 이별 후 겪게 되는 슬픔과 치유를 통하여 한 단계 성장한다. 사랑을 잃은 이후 맞이하는 상실의 감정을 제대로 처리하지 못할 때 큰 문제가 발생한다.

모든 인간관계, 특히 남녀 관계는 2사람의 의사와 감정이 합치하는 경우에만 지속 가능한 것이다. 어떤 이유로든 2사람 중 한 명이라도 그 관계를 원하지 않는다면, 당초부터 시작할 수도 없거나, 이미 시작된 관계라도 즉시 해소되어야 마땅하다.

좋은 이별, 쿨(COOL)한 이별은 참다운 사랑의 연장이자, 사랑하는 사람에 대한 마지막 예의이다. 싫다는 통보를 받았음에도 계속하여 반복적으로 문자나 전화를 하면 새로 생긴 "스토킹 처벌법 위반죄"가 된다. 오죽이나 이러한 끈질긴 스토킹 행위가 많았으면 새로이 특별법까지 만들어서 처벌을 하고 있을까!

얼굴은 마음의 창이다

계절이 느껴지세요? 봄이 온 줄도 몰랐네요.

이런 사람은 생각이 과거와 미래에 주로 가 있기 때문에 현재를 즐길 여유가 없기 때문이다. 시행착오를 반복하지 않기 위하여 과거로부터 지혜를 얻어야 한다. 그러나 과거에만 지나치게 머물게 되면 우울이 찾아온다.

미래도 중요하다. 위기를 예측하고 대책을 마련해야 한다. 그러나 너무 미래에 집착하면 불안이 찾아오게 된다. 지나치게 과거와 미래에만 빠져 있게 되면 소중한 현재가 질식하여 오늘의 행복을 느낄 수 없게 된다. 과거에 대한 후회와 미래에 대한 불안이 모여서 잡념이 된다. 현재를 즐길 줄 아는 능력이 중요하다. 지금 찾아온 봄을 마음으로 느낄 때 얼굴에도 봄이 찾아온다.

얼굴은 마음의 창이다.

표정은 거짓말 하지 않는다.

11장　가지고 떠날 것은 추억뿐

매장과 화장에 대하여

우리나라의 최근 화장율이 85% 정도라고 한다. 대단한 변화이다. 매장 문화는 농경시대에, 그리고 화장 기술이 없는 시대에 뒷산 양지바른 곳에 묻고 묘지를 조성하면서 생긴 풍습이다.

미국·유럽·중국·인도 세계 거의 모든 나라가 화장을 하고 유골을 동네 어귀 공동묘지에 안장하고 있다. 가족들과 직접 가 보았는데 세계적인 문호 해밍웨이(Hemingway)도 그가 마지막으로 살았던 미국 아이다호주 케첨(Ketchum)이라는 작은 도시의 공원묘지에 평장을 한 채로 유골만 묻혀 있었고, 세계적인 화가 고흐도 프랑스 파리 외곽 오베르 쉬어즈 공원묘지에 유골만 묻혀 있었다.

우리도 화장문화로 바뀌어야 한다. 대통령이나 군 고위장성은 아직도 국립묘지 중 큰 공간을 차지하고 매장하고 있다. 이들부터 솔선수범하여야 한다. 어떤 친척분이 유언하기를 "나 뜨거워서 불구덩이에 못 들어가겠다. 제발 매장을 해달라"고 하였다. 죽은 다음에 뜨거운 걸 어찌 알겠는가?

헛된 걱정이다. 오히려 매장을 하면 흙 속에서 더 오랜 세월을 기다려야 유골로 될 터이다. 화장시설도 크게 발전한 마당에 이제는 화장이 제일이다.

여러분은 어떤 의견이신가?

사랑의 선물

사랑은 인생에 몇 번 찾아오는 선물이요, 기쁨이요, 행복이다.

사랑은 상대방을 위해 주는 것이다. 긴 여행을 하는 것 같아도 되돌아보면 순간에 지나지 않는 게 인생이다.

언젠가 할 일이면 지금 하고
누군가 할 일이면 내가 하고
어차피 할 일이면 웃으면서 하자.
사랑하는 '기술'보다는 사랑 받는 '지혜'가 더욱 중요하다.

사랑은 서로에게 용기를 주는 것이요
사랑은 서로를 배려하는 것이다.
사랑은 입장을 바꾸어 생각하고
상대방을 기쁘게 하는 것이다.

사랑은 상대방을 신뢰하는 것이요
사랑은 서로서로 믿는 것이다.

정승처럼 벌고 정승처럼 쓰자

'개처럼 벌어서 정승처럼 쓴다'는 옛말은 틀린말이다.
'정승처럼 벌어서 정승처럼 쓴다'로 고쳐야 한다.

개처럼 벌면 개같이 쓰기 쉽다.
성실하게 일한 사람이 기부도 하게 된다.

사채업자나 사기꾼이 기부하는 경우는 없다.
정직하고 성실하게 일하고 바른 일에 써야겠다고 다짐해 본다.
부자들을 유심히 살펴보았더니 지갑에 현금이 거의 없었다.
카드 1장에 현금이라고는 2~3만 원을 넣고 다녔다.
'돈을 함부로 쓸까 걱정되어 비상금만 조금 가지고 다닌다'고 한다.

요즘엔 젊은이들도 현금은 아예 없고 카드 몇 장만 휴대폰에 끼고 다닌다. 카드로 거의 다 결제가 되고 그러면 포인트가 쌓여서 더욱 좋다고 한다.

그러나 나는 지갑에 현금을 많이 넣고 다니는 편이다. 그래야 갑작스럽게 만나게 된 친지의 아이들이나 어른들께 용돈도 넉넉하게 줄 수 있다.

지갑 안에 비상금이 두둑하니까 마음도 편하다.

어쩌다 지갑째 통째로 잃어버렸을 경우 속이 쓰리긴 하지만….

가지고 떠날 것은 추억 뿐이다

이 세상 떠나는 날 가지고 갈 것은 오로지 '추억' 하나뿐이다. 내가 베푼 '사랑의 추억' 뿐이리라. 죽을 때 가족 외에 진심으로 울어줄 사람이 있으면 행복한 인생이다.

어린 시절 소풍 가는 날! 얼마나 설렘이 많았는가!

지금 사는 게 소풍 온 것이고, 죽는 것은 또 다른 소풍이니까, 설레며 기쁘게 차곡차곡 준비해놓자. 재산과 물건 등 모든 짐을 내려놓고 마음의 욕심도 다 내려놓고 미운 사람도 모두 용서해주며, 좋았던 추억만을 되새기면서 몸과 마음을 정갈하게 유지할 일이다.

오늘이 내 인생 마지막 날일 수도 있는데 진짜 하고 싶은 일을 하고 있는 것일까?

하루하루가 소중한 시간이다.

죽을 때 가지고 갈 것은 추억 하나뿐이다.

당신은 어떤 추억을 가지고 떠날 것인가?

애인을 가지려 하지 말고 애(愛)일을 가져라

사랑은 그리움을 주는 관계의 설정이다. 매일 같이 전화·문자·카톡 등으로 연락해야 하고 좋다는 의사표시를 해야만 한다. 부드러운 눈길을 주고 포옹 등 애정을 확인하는 일도 해야 한다. 그러다 보면 관심이 지나쳐서 서로를 감시하게 된다. 차라리 사랑하는 일을 가져라.

일은 영원하다.

계속적으로 기쁨을 준다. 도중에 또 다른 사랑하는 일이 생기면 즉시 바꾸어 타거나 겸업을 해도 별 문제가 안 생긴다. 그러나, 사랑하는 사람을 바꾸려 하다가는 큰일이 벌어지게 된다.

애착이 가는 일이나 취미를 여러 가지 갖고 있는 편이 더 좋다.

12장 긍정적인 사람

긍정적인 사람과 부정적인 사람

사고방식이 긍정적인가 부정적인가에 따라 행복과 성공을 좌우한다. 긍정적인 사람은 꿈이 있고 진취적이고 도전적이다. 부정적인 사람은 주저주저하고 불안해하며 몸도 마음도 병들게 된다.

긍정적인 사람에게도 단점이 있다. 너무 긍정적인 나머지 쉽게 흥분하고 대담해져서 지나친 행동을 하기 쉽다. 크게 성공할 수도 있지만 크게 실패할 수도 있다.

부정적인 사람에게도 이점이 있다. 그는 꿈보다는 현실의 냉혹함을 먼저 생각한다. 최악의 사태를 미리 염려한다. 기대되는 이익보다 위험성을 먼저 의식한다. 따라서 무리한 일을 하지 않기 때문에 큰 실패도 없다.

결국, 적당히 긍정적인 편이 가장 좋다.

사안에 따라 80%는 긍정적인 자세로 접근하고, 20%는 의구심을 가지고 살펴보고, 그다음에 판단하는 게 최선일 듯하다.

당신은 어떤 사람인가요?

긍정적인가요? 부정적인가요? 그 중간인가요?

강아지로서 주인님께

저는 오로지 주인님만을 온종일 생각하고 있습니다.

저를 믿어주세요.

그것만으로 저는 늘 행복합니다.

가끔은 저에게 말을 걸어 주세요.

말뜻을 모두 이해하지는 못해도 말을 건네는 주인님의 목소리는 언제나 알 수 있습니다.

저를 오랫동안 혼자 있게 내버려두지 마세요.

주인님께는 일이나 취미가 있고, 친구도 있겠지만, 저에게는 주인님뿐입니다. 저의 수명은 10년에서 15년 밖에 안 됩니다. 주인님과 떨어져 있는 시간은 슬픈 일입니다.

제가 늙더라도 돌봐 주세요.

주인님과 함께 나이 든 것입니다. 저한테 죽음이 다가올 때도 제

곁에서 지켜봐 주세요. 저는 숨을 쉬는 한 주인님을 사랑하고 있으니까요.

※우리 집 반려견 루키(닥스훈트), 예삐(말티스)를 생각하며….

노화를 어떻게 늦출 것인가

첫째, 일을 계속하는 것이다.

나이 들어서도 계속 일하는 것이 중요하다. 집에 틀어박혀 있지 않고 밖으로 나와서 자기 일을 하는 것이야말로 '신체기능'과 '뇌기능'을 모두 활성화시키는 것으로 노화지연과 수명 연장의 지름길이다.

따라서 어떤 일을 하더라도 은퇴하면 절대 안 된다. 은퇴하고 집에서 쉬는 순간부터 신체기능과 뇌 기능이 모두 급격히 감소하게 된다. 단번에 늙어 버리는 지름길이다. 몸이 버틸 수 있는 한, 하던 일을 평생 계속하는 것이 노화를 늦추는 최선의 방법이다.

둘째, 운전면허도 반납하면 안 된다.

차도 팔고 면허도 반납하고 집에 틀어박혀 누구와도 만나지 않는 생활을 지속한다면 운동기능도 뇌 기능도 모두 쇠약해질 것이 뻔하다.

셋째, 햇볕을 쬐는 습관을 들이는 것이다.

가급적 외출을 하여 햇볕과 친해진다. 햇볕을 받아야 인체는 건강해진다. 기분도 좋아지고, 행복감을 느끼는 '세로토닌' 호르몬도 많이 분비된다고 한다.

넷째, 말을 재미있게 하는 습관을 갖는다.

유머 감각이 늘 넘치는 사람, 말을 재미있게 하는 사람이야말로 얼굴은 물론 몸도 젊어진다. 젊어 보이는 '동안'이 더 오래 산다는 것이 정설이다.

다섯째, 운동을 습관화한다.

격렬한 운동은 활성 산소로 인하여 신체를 산화시켜서 노화를 촉진 시킨다. 가벼운 헬스(중력운동)와 산책도 좋다. 테니스나 배드민턴, 수영이나 골프 등 계속하고 있는 운동이 있다면 중단하지 말고 지속적으로 해야 한다.

여섯째, 맛있는 음식을 찾아서 먹어라.

먹고 싶은 것을 먹는 기쁨도 중요하다. 맛있는 음식을 많이 먹어야 '면역력'이 높아진다. 그래야 감기도 안 걸리고 질병에 걸릴 확률도 적어질 것이 아니겠는가? 노년기에는 감기가 급성폐렴이 되어서 갑작스럽게 사망하는 경우도 많다.

일곱째, 마음이 맞는 사람과 소통한다.

좋아하는 사람·마음이 맞는 사람을 골라서 자주 만난다. 어딘가 싫은 사람과 계속 교제하는 것은 이제 그만둘 나이이다.

여덟 번째, 신뢰받는 인간관계를 구축한다.

자기만 생각하면서 살 것이 아니라 주위 사람들을 살펴보고 믿음을 주는 인간관계를 갖도록 한다.

젊은 시절부터 은퇴할 때까지 잘 나가던 사람들의 노후는 쓸쓸하기 쉽다. 친절과 자상함과 성실로써 돈독한 인간관계를 맺어야만 나이 들어도 동료나 부하들이 많이 찾아오게 된다.

아이들 이름 짓기에 대하여

요즘 언론사 기자들 이름 조차도 O은나래, O새롬, O나리, O빛나 등의 이름이 거명되는 것을 본다.

세간에는 '부모 성을 둘 다 따 오겠다'는 고집으로 박김OO, 최장OO 등의 이름도 많다. 그러나 이는 아무 근거도 없고 부당하기만 하다. 부모가 추, 모씨 일 경우 추모○○이 되고, 부모가 소, 나씨 일 경우 소나OO이 되며, 부모가 장, 계씨 일 경우 장계OO이 된다. 어감도 좋지 않고 새로 태어난 자식이 무슨 잘못이 있다고 부모 고집대로 이름을 지어 가지고 평생을 힘들게 하는 것인가? 반성할 필요가 있다.

얼마 전 대전에서 교사한테 살해당한 어린이 이름이 "O하늘"이었고 수년 전 방배동에서 유괴 살해된 어린이 이름이 "O초롱초롱빛나리"였다.

두 어린이 모두 이름이 독특하여 결국은 언론에 크게 보도되면서 빛은 났으나, 안타깝게도 일찍 하늘나라로 가게 된 사례이다.

이름을 너무 특이하게 지은 부모라서 관심과 사랑도 지극하였을 것이며 옷도 좋은 것만 골라서 잘 입혀서 학교를 보내게 되었을 것이다. 유괴 범인이 대상을 물색할 때 옷 잘 입고 귀한 티가 나는 어린이를 고르게 되면서 뜻하지 않는 불행까지 찾아오게 되었다고 볼 여지도 있다.

한국에 태어난 이상 우리 풍습에 걸맞는 평범하고 부르기 좋은 이름으로 짓고 순수 한글만을 고집하기보다는 한문 표기도 가능하고 영어로 표기하여도 발음상 문제가 없는 그러한 이름을 짓는 것이 좋다. 그래야만 한문 이름을 함께 적으면 동양문화권인 중국·일본 등을 방문했을 때 제대로 대접을 받게 되며 영문 표기도 무난하면 아이가 국제적인 인물로 성장하였을 때도 아무런 문제가 없게 된다.

'초롱초롱빛나리'나 '빛나', '하늘', '아름', '나래' 등은 한문 표기는 아예 불가하고 '영문' 표기도 거의 불가능하며 억지로 표기하여도 외국인은 그대로 발음하기 어렵게 된다. 이래서는 안 될 일이다. 새로 태어난 자녀들이 무슨 죄가 있다고 통상적인 관례를 따르지 않고, 평생 부를 이름을, 부모 고집대로 마음대로 지을 수 있는가?

이름을 지어 준 부모 사후에도 30년 이상 불려질 이름이다. 현재의 부모라고 해서, 제 고집대로 함부로 자녀의 이름을 지나치게 튀는 이름으로 지어서는 안 될 일이다.

13장 우정의 값은 10만 원인가

국회의원 임기를 2년으로 줄여야 한다

지금 정치 상황을 보면 '너무하다'고 생각하는 국민이 많다. 중도파는 단순하게 '어떤 정당이 싫다'고 생각하고 이번 여당을 찍은 사람이 많을 것이다. 그러나, 이제 와서는 법을 마구 고치고 새로이 개정하는 등 자신들 입맛대로 하는 정치행태를 목격하고는 "이래서는 안 되겠다", "이렇게까지 할 줄은 몰랐다"고 후회하는 사람들이 많을 것이다.

그럼에도 4년 동안 계속 권력을 유지시키는 것은 부당하다. 따라서 국회의원 임기를 2년으로 단축하여야 한다. 그렇게 되면 한 번 뽑아 주었다가 2년 동안 지켜 본 다음 유권자의 마음에 들지 않으면 다음 선거에서는 교체되도록 하여야 한다.

세계 최강국가인 미국은 하원 의원의 임기가 2년으로 2년마다 모든 하원 의원을 한 번에 선출하고 있다. 우리나라도 2년으로 단축할 필요가 있다. 미국 대통령 임기가 4년인데 하원 의원 임기는 2

년이어서 대통령 임기 중간에 하원 의원 선거가 있다. 따라서 대통령이 일을 잘못하면 임기 중간에 치러지는 국회의원 선거에서 자신이 속한 정당 후보가 참패하게 된다. (상원의원은 50개 주에 2명씩 100명이고 임기가 6년이지만, 2년마다 1/3씩 교체하는 선거제도를 유지하여 2년마다 상원의원을 1/3씩 새로이 선출함으로써 국민의 심판을 받는다.)그러므로 평소에 대통령이나 국회의원 모두가 국민의 뜻을 면밀히 살펴 가면서 겸손한 정치를 할 수밖에 없다.

우리나라도 대통령은 임기 4년의 중임제로, 국회의원은 임기 2년으로 확 바꾸어서 대통령은 물론 국회의원도 항상 국민 전체의 의사를 살펴 가면서 국민을 위한 정치를 하도록 하여야 옳다.

우정의 값은 10만 원인가

몇십 년을 친하게 지내 온 사이라도 부모상이나 자녀 혼사에 부조금을 안 보내면 즉시 섭섭해하면서 인연이 끊어진다. 그렇다면 한국 사회에서 우정의 값은 얼마일까?

10만 원 내지 20만 원일 것이다. 그 돈을 주고받고자 자주 만나고 하루가 멀다하고 전화와 문자·카톡을 주고받아 왔는가?

엄청나게 친하게 지내 온 사이였어도 자녀 혼인이나 부모·장인 장모상에 부조금을 안 보내면 즉시 끝이 난다. 결국 찐한 우정의 값을 돈으로 환산하면 10만 원 정도밖에 안 되는 셈이다.

우리도 선진국처럼 애경사는 초대장만 보내고 돈 봉투를 받아서는 안 될 일이다. 결혼식이든 장례식이든 초대장만 보내고 내 비용으로 음식 대접을 하면 될 일이다. 그렇게 되면 50여 명의 소규모 인원만 초대할 수밖에 없다. 결혼식은 신랑·신부 이름으로 초대장을 보내고 신랑·신부가 식사 비용을 지불하면 된다.

우리 사회는 그 반대로 부모가 초청장을 보내고 부모가 '혼주'라는 이름으로 결혼식 비용을 지불하고 있다. 큰 모순이다. 즐겁고 설레임이 있어야 할 결혼식장에 신랑·신부 친구보다 부모님 지인들이 훨씬 많아서 노인 잔치 같은 분위기가 되고 만다. 즉시 고쳐져야 한다.

결혼식이나 장례식이나 당사자인 아들·딸이 주체가 되어 자신들의 비용으로 행사를 치르고 초대장을 발송하게 되니까 부모 친구라 할지라도 평소 잘 아는 극소수만 초대할 수밖에 없다. 그렇게 되면 모든 애경사가 서로 잘 아는 소규모 인원이 모여서 덕담을 주고받고 격려하는 멋진 추억의 장소가 될 것이다.

결혼식은 신랑·신부로부터 초대받은 사람만 참석하여 축하해 주는 기쁨의 장이 될 것이며, 상갓집은 장례 당일 추도식을 열고, 초대받은 사람들만 참여하여 진정한 위로의 장이 될 것이다.

무안국제공항 사고의 의문점

김포공항·인천국제공항·일본의 여러 공항을 최근 이용하면서 착륙하는 항공기를 올려다 보곤 한다. 모든 비행기가 착륙하기 훨씬 이전부터 랜딩기어를 내린 채 공항으로 접근하고 있었다. 그런데 왜, 무안의 사고 여객기는 '랜딩기어가 작동불가이다'라는 등 아무런 교신도 없이 극히 위험한 동체착륙을 시도 하였을까? 큰 의문이 든다.

○ 사고 개요

- **2024.12.29 08:54:43** 무안국제공항 관제탑에 최초 교신 후 2번 활주로 착륙 허가 받음
- **08:57:50** 관제탑은 '조류 충돌' 경고 전달함.
- **08:58:11** 조종사 '항공기 아래 방향에 새들이 보인다'는 교신을 함.
- **08:58:26** 새떼와 충돌함.

- **08:58:45** 조종사가 좌측 엔진을 정지시킴.(좌측 엔진에 새 떼가 충돌한 것으로 오판하고 화재방지를 위하여 정지 시킨 것으로 보임)

- **08:58:50** 항공기 블랙박스 기록이 중단됨.(중단 당시 항공기 시속 298km, 고도 151m)

- **08:58:50** 기장이 "May Day! May Day! May Day!('비상사태 발생, 긴급구조 요망'이란 뜻의 국제적인 무전 용어임.) Bird Strike! Bird Strike!('새와 출동하였다'는 뜻)"선언한 후 첫 번째 착륙을 포기하고 공항 외곽으로 선회비행.

- **08:59:34** 기장이 관제탑에 '왼쪽으로 선회한 후 곧바로 착륙하겠다'고 요청함.

- **09:00:21** 기장이 관제탑에 '오른쪽으로 선회하여 2번 활주로에 착륙하겠다' 고 요청함.

- **09:01:07** 관제탑은 기장에게 방향을 바꾸어 19번 활주로로 착륙할 것을 제안하였고, 기장은 이를 수용하고 두 번째 착륙을 시도함.

- **09:02분경** 랜딩기어 3개(앞 1개, 뒤 2개)가 모두 내려오지 않은 상태에서 19번 활주로에 동체착륙을 시도함.

- **09:02:57** 항공기는 활주로를 이탈하여 콘크리트 둔덕에 충돌 후 폭발함.

- **09:03경** 공항 소방대가 출동하여 화재 진압 시도함.

- **21:03** 구조된 승무원 2명을 제외한 승객 179명 전원 사망 발표.(소방 당국)

○ **'착륙기어를 왜 안 내렸는지?'가 큰 의문점**

- 모든 항공기는 착륙 전 20~10㎞ 이전부터 랜딩기어를 내려야 함.

- 랜딩기어는 전기장치로 내리고 있으나, 불가시에는 수동으로도 작동할 수 있다고 함.

- 조종사가 어떤 사유로 랜딩기어를 끝까지 못 내렸는지가 큰 의문점임.

○ **조종사와 관제탑 간의 교신 내용 비공개의 의문점**

- 관제탑에는 조종사와의 교신 내용이 100% 녹음되어 있음에도 정부는 이를 공개하지 못하고 있음.

- 만약 조종사가 랜딩 기어를 못 내렸다면 동체착륙을 해야하는 비상사태 임.

- 그렇다면 '랜딩 기어가 작동이 안된다'는 사실을 관제탑에 무선으로 보고 하여야 하며 관제탑은 화재 발생을 대비하여 소방차 전부를 활주로 가까이에 대기 시켰어야 당연함.

따라서 다음과 같은 교신이 반드시 있어야 함.

○ 조종사 : 랜딩기어가 작동불능이다. 동체착륙을 하여야 한다.
○ 관제탑 : 동체착륙 시 화재 발생이 예상되므로 소방차를 대기시키겠다.
○ 조종사 : 알았다.
○ 관제탑 : 동체착륙 시 폭발이나 화재로 인한 피해를 최소화하기 위하여 공항 상공을 선회 비행하여 연료를 거의 다 소모시켜야 한다.
○ 조종사 : 알았다. '동체착륙을 하겠다'는 기내 방송을 하고 '연료 소모를 위하여 선회비행을 하겠다'고 승객에게 알리겠다.
○ 관제탑 : 선회 중에 다른 항공기와 충돌도 우려되므로 선회하지 말고 인근 광주공항으로 이동하여 착륙할 것을 제안한다.
○ 조종사 : 알았다. 광주공항으로 이동하겠다.

- 이러한 대화 내용이 반드시 있어야 함

- 정부가 한사코 '사고원인 조사 중'이라면서 공개를 못 하고 있는 이유는 관제탑에서 엄청난 잘못이 있었기 때문으로 보임

- 대화 내용 전체 공개 시 분노한 유가족들이 몰려와 거세게 항의하는 등 대형 사건이 발생될 우려가 있는 듯함.

○ **언론인들의 문제점**

- 여러 언론사 기자들도 다음과 같은 당연한 질문을 일체 하지 않고 있음.

○ '착륙 전 몇 ㎞ 전방부터 랜딩기어를 반드시 내려야 한다'는 메뉴얼이 있을 텐데 공개 해 달라.

○ 사고기는 왜 랜딩기어를 내릴 시도조차 하지 않았는가?

○ 랜딩기어 작동장치 고장 시 수동으로도 내릴 수 있다는데 어찌 된 일인가?

○ 랜딩기어가 안 내려가면 그때부터 즉시 비상사태인데 관제탑에 '동체착륙을 시도한다.'는 교신을 왜 전혀 하지 않았는가?

○ 관제탑에서 육안으로도 랜딩기어가 내려가 있는지 여부를 쉽게 확인할 수 있는데 왜 경고 조치를 하지 않았는가?

○ 조종사도 관제탑도 랜딩기어가 내려가 있는 것으로 착각을 한 것인가?

○ 랜딩기어가 내려가 있을 경우 브레이크 제동력이 있어서 70% 정지 효과가 있다는데 그렇다면 충돌 전에 충분히 정지할 수 있었는가?

○ 우측 엔진에 새 떼가 충돌하였는데, 어째서 멀쩡한 좌측 엔진을 정지 시켰는가?

○ 조종사가 육안이나 느낌으로도 좌·우중 어느 쪽 엔진에 새떼가 충돌하였는지 알 수가 있고 특히 RPM(분당 엔진 회전수)이 감소되는 쪽의 엔진을 정지시켜서 화재 발생을 예방하면 될 텐데 왜 그 반대쪽의 멀쩡한 엔진을 정지 시켰는가?

○ 조종사가 밤새 비행을 하여(방콕 02:00경 이륙, 무안 09:00경 착륙 예정) 비몽사몽간에 랜딩기어 내리는 것을 깜박 잊은 것은 아닌가?

○ 관제탑에서도 랜딩 기어가 안 내려온 것을 목격하지 못하였는가?

○ 무안공항 사고의 원초적 원인

- 김대중 정부 당시 그 지역 국회의원 등 정치인들이 광주에 설치 예정이던 국제 공항을 욕심을 내면서 자신들의 실적으로 삼고자, 억지로 무안으로 변경한 것이 원초적 원인이라고 할 수 있다.

- 왜냐하면 무안은 천연 갯벌 지역으로 먹이가 풍부하여 철새떼 도래지로서 매년 겨울 수백만 마리의 철새가 중국·러시아 등에서 이동하여 겨울을 나고 가는 곳이므로 공항을 건설할 경우 겨울철에는 새 떼와의 충돌을 피하기 어렵기 때문이다.

○ 유가족들의 소송 청구

- 국토교통부 장관을 피고로 하여 "조종사와 관제탑 간의 무전교신 내용을 공개하라"고 행정법원에 소송을 제기하여야 한다.

- 그러면 법원에서 심리를 거쳐 유가족들의 알권리 보장 차원과 사고원인 규명을 위한 국민의 알권리에 따라서 정부로 하여금 '랜딩 기어 고장으로 동체착륙을 할 수밖에 없다'는 조종사의 교신 내용을 공개하라고 판결할 것으로 예상된다.

- 공개될 경우 관제사들의 잘못이 드러나서 형사처벌을 받게 되거나 국가가 추가로 손해를 배상하여야 하는 문제가 생길 수도 있다.

○ 글을 마치며

- 언제까지 영원히 감출 수는 없다.

- 관제탑과 국토교통부의 큰 잘못이 드러나서 발칵 뒤집어진다 하더라도 이는 사필귀정이다.

- 정부는 이미 사망한 조종사의 과실(좌측 엔진 정지 등)로 몰아갈 것이 아니라 이제라도 조종사와 관제탑 사이의 교신 내용 전체를 즉시 공개하여야 마땅하다.

- 조종실 음성기록 장치의 녹음 내용도 낱낱이 공개하여 유가족의 한을 풀고 국민 전체가 알 수 있도록 하여야 당연하다.

- 현 정부 최고 지도자들이 즉각적인 재조사 지시를 하고 관련된 대화(조종사와 관제탑 사이의 교신) 내용 전체 공개를 명하여야 옳다.

- 참사 1주년을 맞아 유족들의 항의가 크다. 사고 조사를 맡고 있는 '항공철도 사고조사 위원회'가 유가족들에게 정보를 전혀 공개하지 않고 있다. 179명의 목숨을 앗아간 대형 참사인데 1년이 되도록 처벌된 사람 하나 없고 원인도 규명 된게 전혀 없다.

나쁜 성분은 1,000분의 1로 줄여서 속임수 표시

우리나라에서도 식품이나 화장품 등에는 '전 성분 표시' 제도를 시행하고 있다. '원재료명'과 '영양 정보' 란을 만들어서 표기하고 있다. 문제는 '트랜스 지방'과 같이 인체에 나쁜 성분은 g 단위로 표시를 하고 칼슘 등 좋은 성분은 ㎎ 단위로 표시를 하며 국민을 속이고 있다는 것이다.

치즈나 과자, 빵 등의 경우 예컨대 '칼슘 330㎎'으로 표시를 하고 '트랜스 지방 0.6g' 등으로 표기하고 있다. 표시 단위를 통일하여 트랜스 지방도 600㎎(0.6g=600㎎)으로 표기를 하면 많이 포함된 것으로 보여서 상품이 안 팔릴 것을 우려하여 거의 모든 식품의 "트랜스 지방"란을 보면 1g 이하, 0.5g, 0.3g, 0.2g 등으로 1,000분의 1로 축소하여 표시하고 있다.

이는 거대한 상업주의와 정경유착 등의 영향으로 식품업체의 끈질긴 로비와 이를 받아들이는 해당 부처(성분 표시의 단위는 해당 부처의 사전 승인하에 표시되고 있다.)와 정치인들의 묵인하에 1,000분의 1로 대폭 축소하여 표시함으로써 나쁜 성분이지만 적게 포함된 것처럼 눈속임하여 상품구매를 유도하는 것으로 볼 수 있다.

국정감사장에서 국회의원이 또는 신문·방송의 언론인들이 시중의 상품들을 들고나와서 보여주면서 기업대표들에게 왜 트랜스 지방 같은 나쁜 물질은 1,000분의 1로 축소하여 'g' 단위로 표시하고, 나머지 좋은 성분들은 모두 그 1,000배인 '㎎' 단위로 표시하고 있는지? 국민과 소비자를 속이기 위한 것인지? 즉시 따져 물어야 한다.

매년 기업들로부터 로비를 받지 않는다면 국민건강을 위하여 즉각 표시 단위를 모두 ㎎으로 통일하여 표기하도록 함이 마땅한 일이다. (일본에 가는 길에 마트에 진열된 식품을 확인하여 보니 모두 g 단위로 통일하여 표기하고 있었다.)

이웃나라 일본과 같이 정직해야 할텐데 우리 정부와 기업들은 한 통속이 되어 국민을 속이고 있다.

즉시 시정되어야 한다.

언제까지 식품이나 주류에 인공감미료 첨가를 허용할 것인가

막걸리나 소주 등의 술에 단맛을 첨가하여 대량 판매하기 위하여 세계보건기구에서 1군 발암물질로 분류한 인공감미료인 "아스파탐", "페닐알라닌", "수크랄로스", "사카린나트륨" 등을 집어넣은 채 술을 제조하여 판매하고 있다.

이들은 모두 설탕의 수백 배 단맛을 내면서도 값이 저렴한 인공감미료이다. 이러한 것들도 얼마를 집어넣었는지 수량까지 표시하도록 하여야 옳다. 아스파탐을 제조하는 다국적기업의 로비활동과 원가절감을 위한 기업의 이윤추구 욕심에 의하여 국민건강에 해로우며 세계보건기구가 1군 발암물질로 이미 확정하여 분류한 아스파탐 등 인공감미료를 수량 표시도 없이, 혼합하여 제작하도록 정부와 국회 등이 허용하고 있는 현실이 안타까울 뿐이다.

주류의 경우 99%의 막걸리와 소주 전체, 정종, 과실주 등에 있어서 아스파탐 등의 인공감미료를 첨가하고 있다. 막걸리 중 딱 한 곳업체(포천시 소재)에서만 아스파탐을 전혀 첨가하지 아니한 제품을 판매하고 있을 뿐이다.

맥주의 경우는 '원재료명'란에 '정제수, 맥아, 호프' 등으로 되어 있고 인공감미료 첨가는 없다. 막걸리의 경우 "무 아스파탐"을 표시한 제품의 '원재료명'은 '정제수, 쌀(입국), 누룩, 활성 건조 효모' 등으로만 표기되어 있다. 그리고 병맥주는 유효기한이 1년이고, 캔맥주는 통상 6개월로 표기되어 있으며, 막걸리도 살균 탁주는 유효기간이 1년이나 되고, 생막걸리는 냉장 보관 시 20일 정도 된다. 따라서 캔보다는 병맥주가 '산화' 우려가 적어서 더 좋고 생막걸리가 유통기한이 짧아서 더 안전하다고 할 수 있다. 정종이나 와인의 경우에도 '원재료명'란을 살펴보면 '산도조절제' 또는 '산화방지제' 등의 이름으로 방부제의 일종을 첨가하고 있는 제품들이 많다. 잘 살펴보면서, 원재료명에 아스파탐 등 1군 발암물질이나 산도조절제·산화방지제란 이름으로 둔갑하여 표기된 일종의 방부제가 포함되어 있는지 확인해 본 연후에 제품을 선택할 필요가 있다.

"○○잣 막걸리", "○○옥수수 동동주"라고 상품표시를 한 제품도 자세히 살펴보면 잣 분말은 0.12%이고 옥수수 분말도 외국산 4%에 불과하고 대중적 입맛을 위하여 인공감미료는 여지없이 포함되어 있다. 값싼 비용으로 인공감미료를 집어넣고 제조하여 단맛에 익숙한 소비자들에게 대량 판매하고자 하는 장삿속인 셈이다. 국민들이 확실히 알고 이를 배척하고 소비하지 말아야 하며 이제는, 국민건강을 위하여 인체에 극히 해로운 아스파탐 등 인공감미료 첨가를 정부가 나서서 일체 금지시켜야 할 때이다.

해당부처가 이 정도는 '허용 기준치 이내'라고 거짓 변명 할 때가 아니다. 발암 물질임을 알고 있는 정부 당국자들과 이를 첨가하여 제조한 기업체 간부들은 이러한 술과 음료를 절대로 마시지 않을 것이 뻔하다.

°마치며

이 책 표지의 날개에 실은 사진처럼 수상스키를 멋지게 타던 젊은 시절이 엊그제 같은데 어느새 세월이 많이 흘러갔음을 느낀다.

산중에서 자연에 묻혀 생활하면서 느낀 소감들, 변호사 일을 하면서 접한 사건들의 뒷이야기, 계절이 바뀔 때마다 느껴지는 간절함 등을 나름대로 진솔하고 담백하게 적어 보았다.

짧은 문장과 언어의 과감한 생략을 통하여 읽는 분들께서 쉽게 감동이 되도록 노력하였다. 부족한 점이 많겠으나, 읽는 재미와 공감하는 부분이 있었으면 하는 바램이다.

부족한 이 책이 빛을 보기까지 노고가 많으신 '마이라이프' 한대웅 대표님과 임직원 여러분께도 깊은 감사의 말씀을 전합니다.

가평 설악에서

맥가이버 변호사 박영목

원고를 읽고

현재 우리 또래들은 남을 의식하며 살기보다는 개인주의를 우선시하면서 자유로움을 만끽하고, 혼밥을 즐기고 유튜브에 익숙하며 편안함을 추구하는 세상에 살고 있다.

저 자신 조차도 책을 읽기보다 유튜브에서 읽어주는 편안한 리딩 방송을 시청하는 편이지만 가끔 책방에 들러 베스트셀러가 있으면 구매하여 책장을 장식해 놓고는 읽지 않는 책이 여러권 있다.

하지만, '얼굴은 마음의 창' 이라는 이 책은 제목에서 부터 이끌려 처음부터 끝까지 단숨에 읽어 내려갔다.

지금껏 다른 책에서 느껴보지 못하 "삶에 대한 성찰과 교훈" 으로 가득 채워져 있어서 뜨거운 마음의 울림과 여운을 남겨 주었다.

얼음같이 차가운 이 세상에서 메말라 있는 우리의 마음을 눈 녹듯이 위로하고, 감싸 안아 주듯 따듯한 감동을 선사해주며, 세상살이를 재미있게 바라보게 되는 '마법의 책' 이다.

이 책을 읽다보면 각박한 이 세상을 따듯한 온기로 채워주는 느낌을 강하게 받는다.

늘 어머니와 함께 저자의 사무실을 방문하여 법률상담을 하곤 하였는데 변호사님을 만나 명쾌한 상담을 받고 나면 모든 의문점이 한순간에 확 풀리면서 막혀 있던 속이 뻥 뚫리는 느낌까지 받게된다.

진지함 속에 따듯함이 있고 재치와 유머가 넘치며, 인간미 있고 재주 많으신 맥가이버 박영목 변호사님이 쓰신 이 책을 여러분 모두에게 강추 드립니다.

이 책을 머리말에 두는 모든 분께, 여기 쓰여져 있는 글들이 정다운 마음의 벗이 될 것임을 확신합니다.

2025년 겨울

의뢰인 박 아 름*

* 마을 버스에 다치는 교통사고를 당하여 필자에게 손해배상 소송을 맡기고 있는 신세대 의뢰인으로 서울 강북의 어느 구청에서 일하고 있다.

얼굴은 마음의 창

표정은 거짓말하지 않는다

발행일 2025년 12월 31일

지은이 박영목
펴낸이 한대웅

편집 방현주
디자인 한준아

펴낸곳 마이 라이프
출판등록 제 2021-000024호(2021년 8월 23일)
주소 서울시 강북구 오현로31길 89 101동 1405호
이메일 starhdw@naver.com
블로그 https://blog.naver.com/springhdw
전화 02-981-0637
ISBN 979-11-24257-00-5(03810)
가격 18,000원

* 책값은 표지 뒤쪽에 있습니다.
* 잘못된 책은 구입하신 서점에서 교환해드립니다.